影响

你想影响的人

刘彦章 编著

光明日报出版社

图书在版编目(CIP)数据

影响你想影响的人 / 刘彦章编著 . —北京：光明日报出版社，2014.7

ISBN 978-7-5112-6426-8

Ⅰ. ①影… Ⅱ. ①刘… Ⅲ. ①心理交往–通俗读物 Ⅳ. ①C912.1-49

中国版本图书馆 CIP 数据核字(2014)第 083361 号

影响你想影响的人

著　　者：刘彦章　编著

责任编辑：毛文丽　　责任校对：傅泉泽

装帧设计：嫁衣工舍　　责任印制：曹　净

出版发行：光明日报出版社

地　　址：北京市东城区珠市口东大街 5 号，100062

电　　话：010-67078231（咨询），67078870（发行），67078235（邮购）

传　　真：010-67078227，67078255

网　　址：http://book.gmw.cn

E－mail：gmcbs@gmw.cn　maowenli@gmw.cn

法律顾问：北京天驰洪范律师事务所徐波律师

印　　刷：固安县保利达印务有限公司

装　　订：固安县保利达印务有限公司

本书如有破损、缺页、装订错误，请与本社联系调换

开　　本：710mm×1000mm　1/16

字　　数：229 千字　　印　　张：15.25

版　　次：2014 年 7 月第 1 版　　印　　次：2014 年 7 月第 1 次印刷

书　　号：ISBN 978-7-5112-6426-8

定　　价：32.00 元

前　言

你是不是时常有这样的疑问：为什么我会听从售货员的推荐，买下一堆昂贵却又经常用不上的东西？为什么我会答应别人原本不想答应的请求？有时，听到同事抱怨连续加班，导致腰酸背痛。可是没过多长时间，你也开始感觉腰酸背痛起来。这些都是别人对你影响的结果。生活中每时每刻都在上演着一幕幕的心理战。因为生活主要就是由人的心理和行为支撑的，有人的地方就会有博弈，有博弈的地方就离不开影响力的作用。

人性恶？人性善？人的思想来自何处？此时此刻别人在想什么？凡此种种，都需要你对他人了解。或许你资金不如人，实力不如人，这并不决定你在实际生活中就会落败，只要你能掌握人的心理，巧妙地对他们施加影响，就一定能获得胜利！影响力能让你正确引导他人、正确面对生活，让你的人生精彩无限！

人应该了解自己和他人，了解处世之道和成功之道，并将它们应用到自己的生活中去，这会让你活得更轻松自在。

如果你正在职场打拼，你就要懂得如何与你的上司、你的同事搞好关系。在你埋头苦干、挥汗如雨的时候，你也要懂得如何得到老板的赏识，同时又能与同事相处融洽。要知道每个人都能获得幸福和激动的工作体验，巧妙地用好影响力，你就能像水一样涤荡污垢、自我完善。

如果你是个企业管理者，你就要懂得如何提高员工的工作积极性与工作满意度。这不仅需要你对于人的共性与员工个性的把握，还要你对他们积极地引导，正确地施加影响力。这样才能够让你的下属心甘情愿地听命于你，并且乐此不疲地去完成任务，你自己则收获了一个“管理到位”的好名声。制胜策略就在影响力上，作为管理者，你就要懂得激励、授权，并且知道如何为员工创造良性的竞争环境，使得团队创造出最为高效的业绩。

身为女人，你就要懂得如何识别男人，如何鉴别坏男人而让自己少吃亏。要懂得如何让你的恋人或是老公心无旁骛，只对你一个人真心，让自己成为受宠爱的人。

身为男人，你要懂得如何让自己的事业顺遂，如何找到合适的伴侣，如何良好地与身边的人交往。这些都需要你对人性的了解，对他人心理的把握，更需要你积极地对其施加影响力。

当你了解了影响力法则，就好比是抓到了阿拉丁神灯，不管你想什么、要什么，只要是你真正想实现的梦想，都必将一一成真。这就是所谓的"美梦成真"、"心想事成"。伴随着你对影响力法则的深入了解，"美梦成真"、"心想事成"将不再只是祝贺语，也不是所谓的痴人说梦，而是真真切切存在于宇宙间获得成功、财富、健康、快乐的秘密。

本书是从生活、职场、恋爱婚姻三个方面来洞察人性，读懂人心，正确地影响他人。作为一本成功励志的书籍，内藏丰富的知识和挑战。它寓深刻道理于平实的语言，潜移默化之中让你从心理学的角度重新思考世界、理解人性。本书教你如何巧妙地应用影响力法则完善自己，并积极引导他人，从而获得成功。

目　录

生活篇

生活篇

第 1 章

想要影响他人，先做个受欢迎的人

人活一张脸，树活一张皮。人人都有一张脸，是脸都会要面子。所以，我们与人交往，必须时刻顾及他人的面子。替他人挽回了面子，他会衷心感激你，喜欢你。

用赞美激发他人的潜能

生活需要赞美。一句真诚的赞美，能让一个困顿中的人精神振奋，继续踏上坎坷的道路。同样，一句尖刻的批评，会使一个进取中的人心灰意冷，陷入绝望的境地。能够让别人高兴，那么你就是一个受欢迎的人。

学会真诚赞美，对生活、对工作、对事业，都是有益处的。赞美了别人，别人也会适时地回报，这会使我们生活愉快、工作顺利、事业有成。

适度地赞美别人，别人会更加愿意接近你，使你顺利达到自己的目的。

不仅如此，真诚的赞美还可以调动对方的积极性，激发他们的潜能，使他们做得更多、更好。对于那些自卑的人来说，赞美可以改变他的心态，甚至改变他的一生。在学校中一些学习成绩差的孩子，因为教师无意中的一句赞美变得勤奋好学的例子比比皆是。一位教育学家曾在期刊上发表文章说：“教师不应在学生的作文本上画满批评的标志，应当找一两处体现学生优点的地方，进行表扬，这样学生的积极性会更大地被调动起来。”

我们强调赞美的效用，并不是言而不实的夸夸其谈，它是有科学根据的。行为科学家对此曾进行过研究，其结论与我们所说是相吻合的。

如果一种行为总是迅速产生一个愉快的结局，那么任何人都倾向于重复这种行为。为了证实这一点，行为科学家们已经进行了不计其数的实验。在一项实验中，若干名小学生被分为三组，并连续五天进行算术测验。一组学生自始至终得到老师对他们前次测验成绩的表扬，另一组一直得到批评，而对第三组老师却采取不闻不问的态度。

不出所料，一直得到表扬的学生成绩大大提高；受到批评的学生也有所提高，但不太明显；被忽视不理的学生，他们的分数几乎毫无长进。令人感兴趣的是，最聪明的孩子无论受到表扬还是批评都能有所进步，而学习能力差一些的学生则对批评的反应不佳，他们需要以表扬为主。然而也就是这些孩子们，在一般的学校里，很少得到适当的鼓励和表扬。

如果你想要影响他人，让他为你多做些事，你可以按照这个原则去做：赞美与你交往的每个人，称赞他们的想法、建议和聪明才智。这样，你会获得他们的信任、忠诚和支持。

如果对同学说："真诚感谢你的合作，你做得太棒了。"那么，他会乐意和你进一步合作，并在合作中做得更好。

如果对员工说："继续努力，你一定会成为出类拔萃的人。"那么，他就会把工作做得更好。

如果对一位从事代理业务的顾客说："对于销售这类产品，您真是眼光独到！这一定会使您的顾客源源不断，销量大增。"那么，这位顾客可能会订购更多的产品。

赞美别人，不过是片刻之间的由衷之举，而受益者会获得长久的幸福感，我们也会从中获得回报，何乐而不为呢？

赞美能激发人的自尊，当一个人受到夸奖之后，就会不自觉地变得愉悦起来，并会努力保持这份荣誉，同时也会喜欢那些夸奖自己的人，这时，彼此间的距离感就会缩短。因此，养成赞美别人的习惯对改善人际关系有极大的帮助。如果没有赞扬和鼓励，任何人都会丧失自信。可以这样说，大家都有一种双重需要，即被别人称赞和去称赞别人。

每个人都期望得到肯定，当他人肯定自己时，总会觉得自己的存在充满了价值，那么平心静气地想一想，别人也需要你的赞美。更何况，多说一句赞美的话可以让人快乐，而不需要花发一分钱，你又何乐而不为呢？

真正的赞美，是有根据的。如果言过其实，或言不由衷，也就可能会变成"拍马屁"了，对方也会怀疑你的真实目的。所以我们在赞美他人的时候，需要根据客观实际，适当地赞美他人。

唯有实事求是地去赞美他人，才能抓住对方的心，才能获得对方的好感，改善人际关系。

赞美他人要得体，首先要让人乐于相信和接受，不能把傻子说成是天才，如果我们对一位清洁工这样赞美："您真是一位成功人士啊！您具有非凡的气质，您是一位伟大的人！"对方一定会认为我们精神有问题，因为这些话和他没有一点儿关系。

得体地赞美他人，能帮助我们消除日常生活中的种种摩擦与不快。这一点在家庭生活中体现得最为明显：妻子或丈夫若能经常适时地讲些使对方感到高兴的话，那就等于取得了最好的婚姻保鲜法。诚然，对对方的影响也是相当大的。

说话有分寸，不揭人之短

人生在世，各有所长，各有所短。若以我之长，较人之短，则会目中无人；若以我之短，较人之长，则会失去自信。人际交往中切忌揭人短处，要知道树怕揭皮，人怕揭短。

《韩非子·说难》中曾对龙作了如下描述：龙的性情非常柔顺，人们可以和它亲近，甚至可以把它作为自己的坐骑。然而，它的喉下有一块长约尺许的逆鳞，如果有人触摸了它，那么它必然会发怒，以致伤人致死。

岂止龙有自己的忌讳之处，世界上每一个人都有自己的忌讳，也就是常说的“短处”。鲁迅笔下所描绘的阿Q、孔乙己、祥林嫂都是我们大家所熟悉的人物，他们虽然性格各异，但在他们身上却有一个共同的特点，那就是都有一处最怕人触动的“短处”。阿Q最怕的就是有人说他头上的疤，谁要是犯了这个忌讳，他准会去找人家拼命。孔乙己最怕人揭他的短，说他偷东西被打，他便涨红了脸，强词夺理、竭力争辩。祥林嫂的忌讳是她曾嫁过两个男人，这是她精神上最大的负担和面子上最大的耻辱，她捐过了门槛后，本以为自己变成了干净女人，动手去拿供品，但四婶大喊一声，使她旧病复发，精神崩溃了。

人们之所以有忌讳，怕别人揭自己的短处，说到底是自尊心问题。怕脸面上过不去。所以，你若想获得朋友，就一定不要触动他们的短处。

古代有一则故事，说的是有一个叫鱼子的人，生性古怪，为人尖酸刻薄，总爱揭人短处，并以此为乐事。有一天，朋友们坐在一起吃酒，其中一个叫吴丑的因老婆管得太严厉而不敢多喝。鱼子便吵吵嚷嚷地说:“你们知道吴丑为什么不敢吃酒吗?是他的老婆管教得太严了。有一次,吴丑喝醉了酒,还被老婆打了几个耳光呢!”吴丑被鱼子当众揭了短处,恼羞成怒,拂袖而去,大家不欢而散。

生活中不乏像鱼子这样的人,他们似乎认为,只有揭了别人的“短”,才足以证明自己的“长”,以此来获得心理上的满足。殊不知,这样的结果只能使人们对他们避而远之。

但凡有一定修养、品德高尚的人是从不揭人之短的,这样的例子在历史上比比皆是。据唐朝封演的《封氏闻见记》记载:曾做过唐朝检校刑部郎中的程皓,从不谈论别人的短处。每逢朋友中间有人说某人的坏话时,他从不跟着掺和,而且还说:“这都是大家乱说的,其实不是这样。”然后再说一番某人的好处。像程皓这样的人能不赢得他人的好感吗?人们肯定会愿意与这样的人交朋友。

人们对于自己的忌讳,通常极为敏感。由于心理作怪,往往把别人的无意当成有意,把无关的事主动与自己相联系。有时,你随口谈一点儿什么事,也很可能被视为对他的挖苦和讽刺,正所谓“言者无心,闻者足戒”。因此,我们不仅应避免谈论别人的忌讳之处,同时也应注意不要提及与其忌讳相关联的事物,以免造成对方的误会,使他的自尊心受到伤害。

史书记载:明太祖朱元璋曾当过红巾军,被官家称作“红巾贼”。所以,朱元璋对“贼”字和与“贼”同音的“则”字最敏感,也最忌讳。一次,浙江府学教授林元亮作了《谢增俸表》,呈送朱元璋,上有“上则垂宪”一句话;还有位北平府学训导赵伯宁写了《贺万寿表》,上面有“垂子孙而作则”一句话。这些本来都是吹捧朱元璋的谄词,无非说他可做后世的楷模。不料朱元璋因对“则”字过敏,见到“则”字,便以为别人在骂他为“贼”,于是把这两位都杀掉了。自然,朱元璋的所作所为有些过于敏感,但是它所留下的教训却是深远的。

俗话说:“当着矮子不说短话。”对于个头低矮的人,最好是不要提及“短”、“小”以及“木墩”、“武大郎”等等与矮小相联系的话语,免得他因多心而伤心。对于犯过罪、判过刑的人,最好不要提及“监狱”

“罪犯”等与他的忌讳相关联之事。否则，他会认为你在指桑骂槐。

孟子说：“恭者不侮人，俭者不夺人。”荀子说：“与人善言，暖于布帛；伤人以言，深于矛戟。”古人的话语非常有道理。

被击中痛处，对任何人来说，都不是件令人愉快的事。尤其是对他人身上的缺陷，千万不能用侮辱性的语言加以攻击。因此，想要影响他人，就要尽量避免让他人痛苦。

投其所好，别人自会欢迎你

共同的爱好、兴趣，也可能成为彼此友情的纽带。迎合对方的兴趣，谈论对方感兴趣的话题，对方肯定会感到愉快。投其所好，其实是很实用的人际交往技巧。

人们总是与自己喜欢的人打交道，也喜欢做自己喜欢的事情。如果我们想要影响他人，从他人的兴趣爱好着手，就容易得到他人的喜欢，那么，我们做起事情来就会很顺利。自己得到了快乐，而他人也很开心。

都爱下棋，在路边棋局旁相识，成了棋友；都爱垂钓，在湖边相识，成了钓友……这样共同的兴趣把彼此召唤到一起，在相互切磋中，便结下了友谊。

某军校外面有一条清幽的小路，早晨常有人到这里跑步锻炼。一位姓王的教官和一位姓高的教官，每天跑步之后在这里相遇。然后一起散步，边走边聊，由一般寒暄到无话不谈。两个人都爱好写作，少不了交流心得，彼此虽没有金钱上的来往，却都觉得受益匪浅，渐渐成了好朋友。

有一对青年男女恋爱，姑娘的父亲是高干，小伙子不仅人精明能干，长得也帅气，但家在农村。因此，当姑娘对父亲提起这个小伙子时，其父认为门不当户不对，断然拒绝。姑娘一气之下要和家庭决裂，但小伙子却不让姑娘任性使气，并说他有办法改变姑娘父亲的执拗。他问姑娘她父亲有何爱好，当得知姑娘的父亲爱下棋、喝酒后，小伙子让姑娘先对她父亲说另处了一个对象，其他一切都没有提。后来，同姑娘去她家时，小伙子带了两瓶好酒，并顺便捎了一对精致的小酒杯。小伙子为了这对酒杯，可是跑了不少工艺商店。果然姑娘的父亲喜欢上了这个年轻人。小伙子每次见姑娘的父亲，必定与之谈论围棋。为了学好围棋，小伙子买了许多有关围棋的书籍杂志。姑娘的父亲喜爱围棋纯属业余爱好，并未作过精心研究，而小伙子本对围棋不在行，为了打通姑娘父亲这一关，自然下功夫不小，谈起围棋俨然内行。加上小伙子精明机智，没过多久，姑娘的父亲觉得这个小伙子很对胃口，于是答应把女儿嫁给他。

小伙子的成功，妙在善于投其所好，他能审时度势，化被动为主动，正如王健的《新嫁娘》中说的“未谙姑食性，先遣小姑尝”那样。他是通过姑娘，先知其父之所好，然后投其所好，抓住契机，取得了老丈人的欢心，达到了目的。

想要影响、了解他人，必须了解对方的价值取向和兴趣点，了解对方对什么事情最关心、最有兴趣。一件事对某个人来说很重要，但对另一个人来说却未必重要，也许是小事一桩，甚至不值一提。如果你不了解对方的兴趣点，只顾自己好心好意地关心帮助对方，进行感情储蓄，在他看来或许毫无价值，这就起不到感情储蓄的作用，甚至会被认为是添麻烦，从而变成对感情账户的支取。所以，你一定要了解他人的兴趣所在，必须把对方认为重要的事情摆在如同他对你一样重要的位置。你关心他的兴趣所在，这体现出你对他的了解，而这种了解就是一笔巨大的感情储蓄。

每个人都有自己的爱好和兴趣，你若想接近某人或拉近与某人的关系，你就应该努力对他所感兴趣的事情做深入的分析和了解，利用这种兴趣可以架起一座与人沟通的桥梁。

在现实生活中，如果能够“投其所好”，你的人际交往就会顺利得多，事情也会好办得多。卡耐基在《如何赢得朋友》一书中列举了 10 条人际交往中应该掌握的技能，其中一条就是谈论别人感兴趣的话题。卡耐基说：“经常让别人感到他很重要。认为别人重要说明你尊重他，并且，人们常常希望在别人某一方面的能力表现不足时展示自己。”

与人交谈的时候，智者总会找到对方感兴趣的事物作为谈资，使谈话的气氛友好而和谐，而愚者则对自己感兴趣的事情或自己的爱好大肆吹嘘，使对方感到谈话索然无味。当然，不同的谈话形式带来的结果也不尽相同。由此可见，想要影响他人，就要找到对方的兴趣所在，然后投其所好。

给他人面子，为自己储存人脉

人活一张脸，树活一张皮。人人都有一张脸，是人都会要面子。所以，与人交往，必须时刻顾及他人的面子。挽回了他人的脸面，他会衷心感激你，喜欢你。当对方陷入尴尬的时候，主动地给对方一个台阶下，你的路将会畅通无阻。

如果你是个对“面子”不在意的人，那么你必定是个不受欢迎的人；如果你只顾自己的面子，却不顾别人面子，那么你必定是个非常不受欢迎的人。这样，你就很难影响对方。

要知道任何人都不是十全十美的，犯错误出洋相难以避免，此时，给别人一个台阶下，巧妙地让他从尴尬中走出来，他就会对你感激不尽，也会很自然地喜欢你、帮助你。

为人处世，得和各种各样的人相处，要想相处和谐融洽，就得注意维护他人的面子。否则，双方就可能产生冲突，在遭到对方报复的时候，还不明白是怎么回事儿。更可能会失去宝贵的友情、爱情，引起周围朋友对你的不满。

你给人面子，正是你宽容大度、胸襟坦荡的表现，可以避免不必要的尴尬、难堪；还可以赢得友谊，赢得信赖，而他人的友谊和信赖往往能够为你的成功助一臂之力。

人都爱面子，你给他面子就是尊重他，对他的支持。有朝一日你有求于他，他自然要把这份情还给你，即使他感到为难或不情愿。

要知道一些无关紧要的小错误，放过去也无伤大局，那就不必太过认真地去对待。这样不但能保全朋友的面子，维持正常的谈话气氛，还能使你有意外的收获——在朋友和在场的人心目中建立良好的印象，这无疑有利于自身人气的提高。

一次，周恩来总理率中国政府代表团慰问来华访问的苏联官员。在我方举行的招待宴会上，一名苏军中尉翻译总理讲话时，译错了一个地方。我方一位同志当场做了纠正。这使总理感到很意外，也使在场的苏联驻军司令大为恼火。因为部下在这种场合的失误使司令有失面子，他马上走过去，要撕下中尉的肩章和领章。宴会厅里的气氛顿时显得非常紧张。

这时，周总理及时地为对方挽回了面子，温和地说："两国语言要做到翻译准确无误是很不容易的，也可能是我讲得不够准确。"并慢慢复述被译错了的那段话，让翻译仔细听清，之后这名苏军中尉准确地翻译了出来，缓解了紧张气氛。

总理讲完话，在同苏军将领、英雄模范干杯时，还特地同翻译单独干杯。苏联官员和其他将领为此都激动不已，翻译被感动得举着杯久久不放。

周总理在此处，就是恰当地挽回了对方的面子，赢得了对方的感激。这无疑对加深两国的友谊和顺利合作有着重要的作用。

谁都可能不小心弄出点小失误，比如念错了一个字，讲错了一句话，记错了对方的姓名职务，礼节失当等等。

当我们发现对方出现这类情况时，只要是无关大局，就不必对此大肆张扬，故意搞得人人皆知，使本来已被忽视了的小过失，一下变得显眼起来。更不应该抱着讥讽的态度，小题大做，拿他人的失误在众人面前取乐。

因为这样做不仅会使对方难堪，伤害他的自尊心，让他对你心生反感，而且也容易使别人觉得你为人刻薄，在今后交往中对你敬而远之。你给别人面子，别人自然会尊重你。

人们生活在社会上，要扮演各种角色，特别是在互相交往中，需要一定的尊严来支撑，这是人性的弱点。在人际交往中，“面子”是一件很重要的事，为了“面子”，小则翻脸，大则会殴伤人命。如果你不顾及别人的面子，总有一天会为此吃苦头。

聪明的人从不轻易在公开场合说别人的坏话，他们总是想方设法原谅别人的小过失，给对方留足面子，当然对方也会投桃报李，对他十分恭敬，彼此相处非常融洽，相互影响，其乐无穷。

替别人着想就是替自己着想

设身处地地为别人着想，你才能感同身受，才能真正理解别人，做一些雪中送炭的事情。任何人都渴望得到关爱，关爱让生活和谐美满，让欢声笑语充满人间。需要关怀与爱护，是人类社会的普遍现象。给别人关心与帮助，也能得到他人尊重与爱护。

人生不可能一帆风顺，挫折、困境是难免的。落难之时，虽然自己倒霉，但是也是对周围人们，特别是对朋友的考验。因为患难之处见真情，远离而去的可能从此成为路人，帮助其渡过难关的，他可能感激你一辈子。所谓莫逆之交、患难朋友，往往就是在困难时候形成的。这时的友谊也往往最有价值，最让人珍惜。

在“文革”中，有一位领导被关进了牛棚，没有人敢接近他。他一度丧失了生活的信心，动了自杀的念头。这时他以前的一个下属，不怕被连累，主动来见他，给他送衣服，并开导他，甚至狠狠地批评他的想法，鼓励他，指出他的前途是光明的。他终于挺了过来。后来这位领导平反了，对这个部下很是感激，把对方当成知己。在这个部下得了重病的时候，他把全部积蓄拿出来给他看病，后来又把他接到自己家里疗养，足见患难见真情。

“我们不知道他那时候那么痛苦，即使知道了，我们也帮不上忙啊!”许多认识他的人说。这种人与其说他不知道朋友的痛苦，不如说他根本不想知道。人们总是可以敏感地觉察到自己的苦处，却对别人的痛处缺乏了解。他不想去了解别人的需要，更不会花工夫去了解；有的甚至知道了也佯装不知，没有切身体会、切肤之痛罢了。

当然很少有人能做到“人饥己饥，人溺己溺”的境界，但我们至少可以观察一下别人的需要，时刻关心朋友，帮助他们脱离困境。当朋友身患重病时，应该多去探望，多谈谈朋友关心的或感兴趣的话题；当朋友沮丧时，应该给予鼓励，告诉他：“这次失败了没关系，下次再来。”当朋友愁眉苦脸、郁郁寡欢时，你应该亲切地询问他们。这些适时的安慰会像阳光一样温暖受伤者的心田，带给他们希望。

有两位要好的女友——吴莉、孙菲，她们一起去参加舞会。舞场上的许多男士频频与吴莉共舞，却在不知不觉中冷落了孙菲。吴莉下意识地感觉不妥，于是借口身体不适，劝朋友们邀请孙菲。男士们尊重了劝告，孙菲被他们卷入了舞池，孙菲的快乐是不言而喻的。

吴莉在自己快乐的时候，也注意了女友的感受，不想女友被忽视，使女友的心灵得到抚慰，这必定会使她们的友谊更深一层。我们的一言一行都要为对方的感受着想，学会安抚对方的心灵，不可以使对方产生相形见绌的感觉。与此同时，自己的心灵也会得到安慰，而有一个好的心情。

我们经常可以看见一些人喜欢大谈自己的得意之事。殊不知，对方不仅不会认为了不起，甚至会认为你是个不成熟、好卖弄的人。与人交往尽可能保持低调，少提自己的得意之事，这也是关心别人感情的表现。

然而，每个人都想被评价得高一点。明知不可谈得意之事，却情不自禁地谈，这是人性中炫耀的本能所导致的。完全不谈得意之事又不可能，但是说的时候不妨注意一下谈的方式。至少在别人未谈得意之事之前，自己也不要谈。

有位女士的宝贝女儿，从剑桥毕业回国之后，在特区一家金融机构供职，薪金数万。这位女士当然相当自豪，她面对亲朋好友时，言必称女儿的风光，语必道女儿的薪俸。偶然被女儿发觉，极力制止母亲，并劝她总夸自己的女儿，突出自家的好，人家会受不了，不要因此伤害了他人。

女儿的话入情入理。可见在谈论自我时，要防止过分突出自己，切勿使别人的心理失衡，产生不快，以致影响了彼此的关系。一定要设身处地为别人想想，不要为了图自己一时的快活而伤害了别人的心理。

关心他人，不仅要关心他人的困难，还要关心他人的感受。就像上面那位以自己的女儿自豪的女士，有子女的父母都希望自己有令人骄傲的子女，但是未必人人都能如愿。当自己的孩子有着骄人的成绩时，别人原本就是羡慕不已的，但是如果还在别人面前时时提起，别人会有何感受呢？恐怕是由羡慕转为嫉妒，再就是愤怒了。我们在说话做事的时候，也要想想别人的感受。

美丽的谎言创造美丽的世界

当我们颂扬诚实的时候，要知道谎言也是不可缺少的。生活需要“谎言”来点缀，只要我们心怀善意，运用得恰当，就能让生活放射出异彩。

传统观念都认为说谎是一种不道德的行为。但是在某些情况下，善意的谎言会给别人带去生活的希望，偶尔善意的谎言能给世界带来奇妙的感觉。

某种环境下的开诚布公，不仅会伤害到别人也会伤害自己。这时候善意的谎言会带来更多的欢乐。谎言如果能饱含真诚，散发出温暖的光辉，能让说谎者与被“骗”者共享欢愉，我们何乐而不为？

两个盲人靠说书弹三弦糊口，年长的是师父，70多岁；年轻的是徒弟，20岁不到。师父已经弹断了999根弦了，离1000根弦只差一根了。师父的师父在临死的时候对师父说：“我这里有一张复明的药方，我将它封进你的琴槽中，当你弹断了第1000根弦的时候，你才可以取出药方。记住，你弹断每一根弦时都必须是尽心尽力的。否则，再灵的药方也会失去效用。”那时，师父还是 20 岁的青年小伙，可如今已皓发银须。50 年来，他一直奔着那复明的梦想。他知道，那是一张祖传的秘方。

一声脆响，师父终于弹断了最后一根琴弦，他从琴槽中找出了那个药方，直向城中的药铺赶去，当他充满虔诚、满怀期待地取草药时，掌柜告诉他：“那是一张白纸。”他的头嗡地响了一下，平静下来以后，他明白了一切：原来师父欺骗他说弹断 1000 根琴弦，就能得到复明的药方，只是真诚、善意的谎言，自己就是靠着这善意的谎言才有了活下来的勇气。

回家后，他郑重地对徒弟说：“我这里有一个复明的药方，我将它封入你的琴槽，当你弹断第 1500 根琴弦的时候，你才能打开它。记住，必须用心去弹，师父将这个数错记为 1500 根了。”小徒弟虔诚地执行着，他也跟他的师父一样，活在这个善意的谎言里。这个谎言给了他希望的动力，引发他去追求生命中最美丽的时刻。

如果师父不说这个谎，徒弟能愉快地面对自己的将来吗?显然不能。“撇开道德的标准，谎言就是一种智慧，一种策略”。美丽的谎言出于善良和真诚，它不和道德相悖。在现实生活中，我们要学会在巧妙地运用谎言。很多时候，真诚的谎言比什么都有力量。真诚是人人必备的美德，它不排除善意的谎言，只要你掌握一定的原则，你所制造的谎言会比你的真诚更能赢得别人的心。

试想一下，如果你的朋友万分惆怅，你和他也一同泡在悲伤的泪水里，那朋友一定备受痛苦的煎熬，精神安慰的谎言则可以帮助朋友摆脱痛苦，鼓起生活的勇气。

女工小 A 从小生长在不幸的家庭中，她沉默寡言，没有一个知心的朋友。一天她非常难过，实在得不到一点关怀和温暖，心情灰暗沮丧，对人生失去了希望。与小 A 同室的女工 B，很同情小 A，尽力安慰也无济于事，便心生一计。第二天，她就模仿男孩子的笔迹，以 C 同学的口吻，给她写了一封信，信中写道："我其实对你的好感已有几年了，遗憾的是你未曾察觉，因你从不愿与人说话，使我没有表示的机会。别人都说你悲观消沉，孤陋寡闻，可我就是喜欢你的文静，你知道吗?这才是女性的沉稳、温婉之美……只要你对生活充满信心，改变对生活的态度，你的眸子就会放射出光芒来……我随时都愿意为你效劳。"小A收到了这封没有地址没有署名的来信，激动万分，她在梦里还笑着说："他是谁?这个世界上居然还有人爱我，我怎么不知道?"从此她感到世界是温暖的，生活是美好的，后来她组建了小家庭，有了能干而体贴的丈夫，她自己又聪明又勤劳，几次当上了劳动模范。一番谎言，竟然使濒临绝境的人获得新生。

有时出于对别人利益的考虑，从善良的愿望出发，去编织一些谎话，比如，对重病患者撒谎说他的病没有大问题，减轻病人的心理压力，使病人保持快乐的心情；对生病的孩子撒谎说药不苦，是让他把药吃下去治好病；对老人说他年轻，是为了满足他的心理需要，让他更加乐观地面对生活；妻子炒的莱虽有点咸，但却对她说味道好极了，是为了珍惜她的劳动，保持她烹调的积极性。

如果你是为了成人之美、宽人之心而说的谎言，它就是美丽的。在很多情况下，我们不必固执地坚守诚实。美丽的谎言能够创造美丽的世界。

从背后赞美去影响他人

当你知道某某人在背后赞美你，你会不高兴吗?有时候，当面恭维得太多并没有益处，反倒是背后的颂扬能发挥强大的功效。背后赞美，在各种恭维方法中，算是最悦人，也最有效的了。

人们很容易怀疑面对面说话的人的诚意，但对于背后听来的赞美就觉得非常顺耳。

罗斯福总统的副官布德，曾经尖锐地批评那些恭维罗斯福的人为"疯狂的摇尾者”。

布德十分钦佩罗斯福，但他决心不做“疯狂的摇尾者”，可是没有几个人，能像他那样深得罗斯福的赏识。

事实上，伟大的人物并不喜欢整天被人当面好听和赞美，尤其是罗斯福，他看不起那些满嘴只会说好听话的人，他更欢迎批评他的朋友。布德就是深知罗斯福的这种心理，采取逆向操作，从背后赞美，而达到自己恭维的目的。

赞美一个人，当面说和背后说所起到的效果截然不同。背后说别人的好话，远比当面恭维别人，效果要好得多。

在背后说别人的好话，显得真诚。如果你当面说人家的好话，对方可能以为你是在奉承他，讨好他。相反，如果你的好话是在背后说的，人家会认为你是真心的。这样，他自然会尊重你、感激你。

比如说领导好话。当面说与背后说就有很大的差别。如果你当着领导和同事的面说领导的好话，不仅效果不好，甚至还会适得其反。一方面同事们会说你是在讨好领导，拍领导的马屁，从而招致周围同事的轻蔑。同时，领导脸上可能也挂不住，会觉得你不真诚。与其如此，还不如在领导不在场时，真诚地赞美他一番。这样，既不会有拍马屁之嫌，也不会让领导难堪，反倒会让领导在从他人口中听到你的好话时感到高兴，对你刮目相看。

如果你是一名中层管理者，不妨在面对你的领导或其他同事时，恰如其分地夸奖你的下属，他一旦知道了，就会对你心存感激，你们的沟通也就会更顺畅，感情也会更进一步。

在背后说人好话，容易消除误会，缓解彼此的矛盾。在背后说别人好话时，会被人认为是发自内心、不带私人动机的，从而能增强对说话者的好感，消除对说话者的不满。如果你与同事发生了一点小误会，不妨背后多赞美他几句。

小伟与同事董建关系不错，却因一件小事产生误会，很长时间两人都不说话。双方都感觉很尴尬。虽然两人都想打破这种尴尬，但自尊心作祟，谁都不先开口与对方说话。

一天，小伟刚好看了一篇关于背后赞美他人的文章，于是心生一计。在办公室与同事闲聊的时候，小伟趁董建不在，对别的同事赞美了董建几句："董建这人真不错，为人比较正直，处事也比较公正，以前对我的帮助挺大，我挺感激他的。"这几句话很快就传到了董建耳朵里，他心里不由得有些欣慰和歉疚。于是，找了一个适当的机会，他主动向小伟打招呼、嘘寒问暖，两人就这样和好了。

在背后说人好话，还能满足别人的虚荣心，给足对方面子。这好话可能在被说者意料之中，也可能在他意料之外。通常，好话越是出于被说者的意料之中，它所起到的作用越明显，越能打动人。

有这样一个故事：

一个公司的工人代表老崔决定去找总经理抗议。原因是他们经常加班，但上面连个慰问都没有，年终奖金也很少。去之前，老崔义愤填膺地对同事说："我要好好问问那个自以为是的总经理。"到了总经理办公室，老崔告诉总经理秘书说："我是崔××，约好的。"

"是的、是的。总经理在等你，不过不巧，有位同事临时有急件送进去，麻烦您稍等一下。"秘书客气地把老崔带过会客室，请他坐下，又堆了一脸笑容，"你是喝咖啡还是喝茶？"

老崔表示他什么都不喝。"总经理特别交代，如果您喝茶，一定要泡上好的铁观音。"秘书说。

"那就茶吧！"

不一会儿，秘书小姐端进连着托盘的盖碗茶，又送上一碟小点心："您慢用，总经理马上出来。"

"你是公司的元老，老同事了，总经理常说你们最辛苦了，一般同人加班到九点，你们得忙到十点，心里实在过意不去。"

正说着，总经理已经大跨步地走出来，对他说："听说你有事找我？"

"其实也没什么，几位工友同事叫我来看看您！"

不知为什么，老崔憋的那一肚子不吐不快的怨气，一下子全不见了。临走，还不断对总经理说："您辛苦、您辛苦，打扰了！"

老崔的态度大转变的原因就是，总经理背着老崔说他的好话，大大出乎老崔的意料。总经理的好话不仅表示了他的真诚与理解，也给了老崔足够的面子。老崔感受到了被领导理解的欣慰，感觉到自己的工作被认可，自然对总经理心存感激，先前一肚子的怨气也烟消云散。

如果你想你的夸赞取得最好的效果，你就背后赞美吧！背后赞美他人，更加让人信服，使人愉悦，能化解彼此之间的矛盾，也能积极地影响他人。

第 2 章
别人对你的态度在于你给别人的印象

绝大多数人都知道首因效应。知道与人初次见面时，第一印象很重要。因此，如果是找工作去面试，我们会理发、整装、化妆，以求给人留下良好的第一印象。

第一印象是长期交往的基础

通常，人们在初次交往中给对方留下的印象很深刻，对对方的影响也很大。人们会自觉地依据第一印象去评价某人或某物，今后与其打交道的过程中的印象都被用来验证第一印象。第一印象既可助某人或某事成功，也可令某人或某事失败。

人生是由无数个“第一次”组成的。在生活和工作中，由于各种各样的原因和需要，我们必须和陌生人交流沟通。有些人十分善于与人交谈，即使对方是初次见面或不善言辞的人，他们也能和其聊得十分愉快，这是因为他们对于身边的事物和谈话对象仔细观察，由此决定自己的说话策略。

人与人的交往是很奇妙的。从未曾见过面的人有可能一见钟情，也有可能彼此都很反感对方。

对方喜欢你，可能是因为你留给他的第一印象很好；对方讨厌你，可能是你留给他的第一印象太糟。

这就是所谓的首因效应。首因效应，也叫作“第一印象效应”，是指最初接触到的信息所形成的印象对我们以后的行为活动和评价的影响。

我们都知道：

悬疑小说家喜欢在小说的开头，设置诸多的悬念，安排离奇的情节。

电影导演喜欢在影片开头时运用特技，呈现人间罕见的奇观。

推销员喜欢把名片弄得花里胡哨，甚至印上本人的彩色相片。

仔细想想，他们都是吸引他人注意力的专家。他们这样做，就是为了利用首因效应，通过制造一个良好的第一印象，在第一时间打动顾客的心，让顾客心甘情愿地掏钱。

在现实生活中，自觉地利用首因效应可以帮助我们顺利地进行人际交往。

一生中，我们会遇到很多重要的第一次，也就会有很多需要重视的第一印象。比如，求职，第一次去见面试官；求人办事，第一次登门拜访；参加工作，第一次见单位同事；找对象，第一次与对方约会，这些第一次都很重要。从小的方面来看，关系到求职能否成功、事情能否办成；从大的方面来看，关系到事业能否如愿，婚姻能否美满。

因此，在现实交往中，要力争给对方留下良好的第一印象。

如何才能给对方留下良好的第一印象呢？

1.注意自己的形象

应注意自己的外貌和举止。外貌包括衣着、发型等。一个成功的社交者，其衣着应符合自己的身份，并要根据自己的年龄、身份决定服装的样式与色彩，做到贴身、整洁、美观、大方。发型则要考虑自己的脸型、职业及时令，以自然端庄取胜。在交际中，优雅的举止是社交的润滑剂，能起到推进交际进行的作用。举止不当，是缺乏修养没有风度的流露，会损害自身的形象，引起对方的不快，不利于社交的成功。

2.表现自己的诚实

在生活中，每个人都希望在交友时遇到的人是诚实可信的。但是，由于世界上存在着虚伪和狡诈，使不少人产生了“防人之心不可无”的戒备心理。这样，往往有的人一片赤诚，却不能被他人理解和认同。

要表现自己的诚实并不是制造一些假象欺骗他人，而是使用一些方法和技巧使自己本身固有的诚实之心更容易得到他人的承认和理解。在与陌生人的交往中，敢于承认自己的无知和缺陷，往往能给对方留下很深的印象，增加对方的信任。

此外，言语也是很重要的，我们要讲好第一句话。

初次见面的第一句话，是留给对方的第一印象。说好说坏，关系重大。第一句话的原则是亲热、贴心，消除陌生感。常见的有以下几种方式：

(1) 攀认式。利用相互之间的一些联系，增加亲近感。任何两个人，只要留意就能发现双方有着这样那样的联系。

(2) 敬慕式。对初次见面者表示敬重、仰慕，这是热情有礼的表现。但必须注意：要掌握分寸，恰到好处，不能胡吹乱捧，不说久闻大名，如雷贯耳之类的过头话。表示敬慕的内容也应该因时因地而异。

(3) 问候式。“您好”是向对方问候致意的常用语。如能因为对象、时间的不同而使用不同的问候语，效果则更好。对于德高望重的长者，应该说“您老好”。对于年龄跟自己相仿者，称“老 (姓)，您好”，显得亲切。

良好的第一印象，会让你的生活充满欢乐，让你做事充满信心。我们要塑造好的第一印象，就要从我们的衣着打扮、言谈举止上面下功夫。

结尾圆满使好印象持久

谁都知道，一件事情，总是可以分为不同的阶段：初始——发生，中间——发展，最后——结尾。通常我们对最初阶段和最后阶段的印象最深。但是人们往往虎头蛇尾，只重视“首因效应”，忽视“结尾效应”。在学习与人际交往中，“结尾效应”与“首因效应”同样重要。

日本有一位很知名的政客，他有一个习惯，如果接受了某团体的请愿，便不会送客；但如果不接受，就会客客气气地把客人送到门口，而且一一握手道别。

他这样做的目的是什么呢？是为了让那些没有达到目的的人不埋怨他。结果也如他所愿，那些请愿未得到接受的人，不但没有埋怨，反而会因受到他的礼遇而满怀感激地离去。

从心理学角度来讲，他的做法很有道理，他运用的是“结尾效应”。

因为这个效果，一连串的事件的不同阶段，被接受的印象很有差异，最初和最后印象深刻，这就是所谓的“首因效应”与“结尾效应”。

绝大多数人都知道首因效应。知道与人初次见面时，第一印象很重要。因此，如果是找工作去面试，我们会理发、整装、化妆，以求给人留下良好的第一印象；如果是第一次与某人见面，我们通常会面带微笑，彬彬有礼，让彼此的关系有一个好的开始。

“结尾效应”是指交往中最后一次见面或最后一瞬间给人留下的印象，这个印象在对方的脑海中也会存留很长时间，不但鲜明，且能左右整体印象。

如果你在与人初会的过程中，犯下了某种错误，或是表现平平的话，可以在分手之前，做一个良好的表现，以改变对方对你原来的印象。只要你的表现得体，不管原先的表现如何，都可以获得补救，甚至留下永生难忘的印象。

日本政客所擅长的，便是这种高明的心理影响术。他送客，就是要让客人忘掉原来的失望，转而觉得荣幸。

然而，由于人们对“结尾效应”缺乏认识，或者不够重视，导致事情虎头蛇尾、功亏一篑的事例也很多。

某公司的一位业务主管，负责某类产品的配件加工业务。一次，他代表公司前往某大公司洽谈一笔大的外包业务。对公司而言，该业务很重要。因为大企业的外包业务量大且稳定，也就是说，如果能拿下这笔业务，公司可以获得一笔很大很稳定的收入。

为此，这位主管投入了大量的时间与精力用于前期准备。

也许是准备工作做得很周到，双方刚刚接触，对方就表示出了明显的好感。有了好的开头，洽谈工作进展也很顺利，最后一天，还留有一些细节问题需要进一步协商。结果，仅用了半天时间，便协商好了。

对方要求再给几天时间，以向上级汇报，再做最后决定。主管认为，可能是大企业惯例比较严密，就没有多想。

但是，两三天过去了，一周过去了，对方还没有动静。主管实在忍不住，打电话询问对方的一名代表。对方代表告诉他，事情可能有变故。他请求对方解释一下原因，对方拒绝了可他不甘心，当他第三次打电话过去，对方告诉他，问题出在最后那天他穿的那件西装上。

原来，他那天穿的西服的袖口，少了一颗纽扣。要知道，对方外包的可不是别的，而是精密仪器的零配件！

也许，最后一天洽谈，他太过兴奋而忘了仔细检查自己的衣着；也许是潜意识里，他认为大局已定，不需要再小心翼翼。

总之，最后一天，一个小小的疏忽让他失去了一大笔订单，也许还有更多。

这似乎应验了人们常说的那句话："好头不如好尾。"与人打交道，我们不仅要在最初表现很好，最后阶段也要表现好，分手时更要特别注意，做到善始善终。

此外，如果给对方的第一印象不够好，或者在双方的交往中曾遇到了不快，更应该巧妙地运用"结尾效应"，在最后时刻，挽回局面，达成谅解，给对方留下好印象。

重复话语，加深别人对你的印象

适当重复对方的话，既体现对对方的尊重，还可以对问题和结果进行强化，激发对方谈话的兴趣、加深对自己的好感。

朋友之间的交往，必须给人以信任感，这是不言而喻的。那么，怎样才能让朋友对你产生信任感呢？其实很简单——沟通的过程是最容易获得朋友信任的时候，而沟通过程中能否适当地重复对方的话尤为重要。很多人都有这样的错误认识，总是重复对方的话好像显得自己比较啰唆，容易引发他人的不满，其实实际情况并非如此。的确，过多的重复容易给人造成一种错觉，然而要是重复得恰到好处，适当地重复对方说话的重点，那么对方便认为你很重视这次谈话，能够抓住谈话的重点，这样的话，效果就不一样了。大部分人对自己的语言都有一种特殊的感情，尤其是某些情况下经过深思熟虑之后的发言，这类发言对于他们自我满足感来说相当重要。这个时候一旦我们对他人的话不以为然或者不加重视，就很难让他人对我们有什么深刻的印象，相反地，还会把我们纳入不能“志同道合”的陌生人的范畴，那样我们就无法和这样的人接触，也就得不到他的好感了。

其实，在这个过程中，我们只要以同样的心情了解对方的烦恼与要求，满足一下他们内心的满足感或者说虚荣心，很容易收到好的效果。

比如，在与朋友交谈时，当听取了朋友的某种意见时，一边要点头表示自己同意，一边要适当重复对方的话，这样就能让对方感觉受到了重视，从而不由自主地将心里话说给你，将你当作好朋友来接待。

在恰当的时候重复对方说话的重点，这是加深他人对我们印象的一种最简单有效的方法。很多时候，除非你能引用他人的经验去让他理解你所说的话，否则他人可能不知道你在说什么。确实是这样，有些人只有在自己的经验范围内才能理解他人的话，因此，与这种人交流时，如果不能迅速引用他们自己的经验，他们也不会了解我们想要表达的事物。这是因为，大部分人都很懒惰，懒得动脑去思考问题。如果他们从一开始就不明白你在说什么，那么，他们可能就永远也不会明白了。

所以，当一个聪明人想把自己的想法和意见说给他人听时，他总会设法运用对方所熟悉的语言，使其能迅速理解自己想说的话。

就是因为运用了这个策略，纽约著名的编辑阿莫斯·科明才能在报界获得一份工作。

他 18 岁时第一次到纽约，只想到一家报社去做编辑。当时，纽约有成千上万的失业人员，几乎所有的报社都被求职的人挤满了。在这种情况下，科明是很难达成他的愿望的。

科明在一家印刷厂做过几年排字工人。这是他所有的也是唯一的工作经验。

但是，他知道，和他一样，《纽约论坛》的经理荷拉斯·格利莱年轻时也在印刷厂做过学徒，所以，科明决定先去《纽约论坛》试试。科明想，格利莱一定会对与他有相似经历的孩子感兴趣的。他是对的，他果然被录取了。他十分容易地让格利莱相信他是值得雇用的。正如卡内基的成功——科明完全是因为能巧妙地借用格利莱自己的经验来达到目的的。

在查尔斯·布朗的故事中，我们也可以看到这种简单而有效的策略。本来，查尔斯·布朗是一名船长，后来，他成了全球最大的玻璃工厂匹兹堡平板玻璃公司的总经理。

创业初期，他在明尼阿波利营做着彩色玻璃的生意。当时，有一家玻璃商与他一起竞争一笔大生意，他及时了解买主的特殊经验，获得了成功。了解到这份合同的决策者都是美国西部的人，因此，布朗故意做了一份粗犷而狂放的计划书，而他的竞争对手却恰恰相反。最后，布朗拿到了这份合同，因为他用买主熟悉的文字制定了合同。

说话者越能将自己的思想融入听众的经验中，就越容易达到目的。比如，我们对朋友说我们的邻居买了一车紫苜蓿。但是朋友从未见过紫苜蓿，于是对此十分困惑。因此，我们向其解释："紫苜蓿是一种草。"这样，朋友马上就对紫苜蓿有了一个大体的印象。这样，经过我们补充一句话就变得十分容易理解了，这是因为说者将解释融入了听者的经验之中。

如果要他人相信你，关键是要举出与听者的经验相似的事实，用他熟悉的语言去与他沟通。这样，就可以很好地影响他。

同步行为，让你们的心挨得更近

如果两人志趣相投、相互欣赏产生了"同步行为"，反过来，"同步行为"又促进了彼此的内心交流，加深了彼此的好感与欣赏程度。

我们仔细观察一下坐在茶馆或者咖啡厅的恋人，会有什么样的感觉呢？

他们是不是时不时地做着同一种表情或同一个动作，就像是镜外的人和镜里的影一样？一方用手摸摸头发，另一方也用手摸摸头发；一方跷起二郎腿，另一方也跟着跷腿；一方捂着嘴笑起来，另一方也跟着捂着嘴笑；一方举起了杯子，另一方也随之举杯……

是不是感觉很温馨、很浪漫，感觉这两个人关系亲密、相互爱慕、心思相通?相信很多人都会有这种感觉。为什么呢？因为他俩的步调是如此的一致。

人与人之间这种表情或动作的一致被称为“同步行为”。“同步行为”不仅存在于恋人之间，在我们日常的工作生活中也普遍存在。比如亲人之间、朋友之间、同事之间、上下级之间，甚至是彼此感觉不错的陌生人之间。

一对感情笃厚的姐妹，同时看到一件漂亮的衣服，同时流露出喜爱之情。

一对志趣相投的兄弟，一起观看篮球比赛，眼看球就进了却又出了篮，两人异口同声地说：“再用点力就好了。”

一对心有灵犀的夫妻，刚参加完朋友的婚礼，两人回到家，都带着笑容，同时谈论婚礼的盛大。

这些都是“同步行为”。是什么诱发了人们的“同步行为”？

肢体动作是“内心交流”的一种方式。两人彼此把对方作为所效仿的对象，应该是相互欣赏或有相同的心理状态，即双方的相互欣赏或看法一致诱发了他们的同步行为。

换句话说，“同步行为”意味着双方思维方式和态度的相似或相通。

一般而言，同步行为的一致性与双方关系的和谐度成正比。在双方的会面中，如果两个人关系和谐、相互欣赏，那么他们的同一行为会很多、很细微。反之，同一行为则很少。

想想会议中人们的表情，对某种意见持赞成态度的人和持反对态度的人，是不是往往各自作出相反的动作?赞成的那部分人面带微笑，不断地点头示意；反对的那部分人紧锁着额头，紧闭着嘴唇……

再想想生活中常会遇到的情景：去商场购物或去某展览会参观，你看上了其中一件物品，另一个人也看上了这件物品，你俩一同走近这件物品，一边看一边发出啧啧的赞叹声，“真漂亮”，就几秒钟，你俩便互生好感，颇有点英雄所见略同的感觉。这种感觉就是从你们的“同步行为”来的。

回头想想你们的同步行为有哪些?眼球同时被这件物品吸引，走向这件物品，带着惊喜的眼神打量，嘴里发出一致的赞叹声……如果俩人再对这件物品的质地、做工与价格看法一致，你肯定就有了路逢知己的感觉!

在日常生活中，刻意地制造“同步行为”，可以赢得对方的好感，让双方的交谈在不经意间变得和谐愉快。

作为下属，很多人都会感觉到：自己欣赏的领导也欣赏自己，自己不喜欢的领导也不喜欢自己？其实，这其中，“同步行为”就在发挥作用。你向领导传递了欣赏，领导感觉到了，对你有了好感，也试着以欣赏的眼光看你。

由此推理，如果想得到领导的认可与欣赏，你首先应该认可、尊重领导。你可以这样做：与领导在一起时，当领导无意中做出某个动作时，你也跟着做某个动作；领导做出某种表情，你也以同样的表情回应。你会发现，领导对你的态度会有某些改变。

作为领导，有时故意与下属保持同步也很必要。比如，某下属在你面前很紧张，你不妨摆出与其一致的姿势，拉近彼此的心理距离，缓解下属的紧张情绪。

对于有利益往来的双方，“同步行动”的魅力也丝毫不减。

在求人办事过程中，如果你的请求或劝说得不到回应，不妨故意制造一些“同步行为”，快速攻破对方的心理防线。

比如，对方翻阅文件，你也翻阅文件；对方脱下外套，你也脱下外套；对方把视线投向窗外，你也掉头欣赏窗外景色。如此反复几次，自然会引发对方的好感，缓和矛盾，使对方乐于接受你的意见，满足你的请求。

不过，在仿效对方的举止时，要注意不露痕迹，否则，让人误认为你是在故意取笑他或讨好他，达不到影响的效果。

见面时间长，不如见面次数多

熟悉可以导致喜爱。人们总是习惯于选择自己熟悉的人与物，想要引起他人的好感与关注，你可以采用多见面原则，与对方熟悉。

很多人都认同，喜新厌旧是人的天性。事实果真如此吗？那为何商家都愿意花费巨资为自己的商品投放广告？如果人真的是喜新厌旧的话，商家肯定是不愿意反复为自己的商品做广告了。

相反，人们在决定购买某一商品时，会受到一种潜意识的影响。某种商品信息刺激的次数越多、越强烈，人们潜意识中该商品的烙印也就越深刻，对商品的购买和消费就成为一种无意识行为。事实上，人们总是习惯于消费自己熟悉的商品。

因此，对商家来说，反复的宣传，在顾客心中造成强烈的印象，是至关重要的。美国著名的可口可乐公司，正是利用了顾客的这一消费心理，以铺天盖地的广告大战，奠定了可口可乐独占世界饮料业鳌头的至尊地位。

可口可乐公司极为重视广告，对一切报刊、电视广播、宣传材料等能用来做广告的媒体，无不尽量使用。

今天，从南极到北极，从最发达的国家到最不发达的国家，可口可乐无处不在；从家庭妇女到商界精英，从白发老人至 5 岁孩童，可口可乐无人不晓。

可口可乐的案例很好地说明了熟悉的就是好的，熟悉可以导致喜爱。与此相似的是心理学上的“多看原则”。说的是在其他条件相等时，人们倾向于喜欢熟悉的人与事。研究也表明，随机被安排在同一宿舍或邻近座位上的人更容易成为朋友。在同一栋楼内，居住得最近的人最容易建立友谊。邻近性与交往频率有关，邻近的人常常见面，容易产生影响。

有这样一个实验：向被试者出示一些照片，有的出现了 20 多次，有的出现了10 多次，有的只出现一两次，然后请被试者评价对照片的喜爱程度。结果发现：被试者更喜欢那些看过二十几次的照片，即看的次数增加了喜欢的程度。这种对越熟悉的东西就越喜欢的现象，称为“多看效应”。

在人际交往中，如果你细心观察就会发现，那些人缘很好的人，往往将“多看效应”发挥得淋漓尽致。他们善于制造双方接触的机会，以提高彼此间的熟悉度，然后互相产生更强的吸引力。

也许你会有疑惑，人与人的交往难道真的这么简单？

试想，如果你有两位关系一样近的亲戚，一位与你住在同一座城市，你们经常见面，每次聚半天；另一位在另一座城市居住，你们每年聚一次，每次待在一起一个星期左右。几年过去了，你更喜欢谁，与谁更亲密？

见面次数多，即使时间不长，也能增加彼此的熟悉感、好感、亲密感。相反，见面次数少，哪怕时间长，也难以消除因间隔的时间太长而有生疏感，甚至可能因为相处的时间太长而产生摩擦。

显然，在很多时候，见面时间长，不如见面次数多。

你想赢得领导的注意与重视，向领导汇报工作，一次汇报很多，不如经常汇报。

如果你想与某人建立良好的关系，这方法也适用。要知道，为了给对方留下印象，你一个人滔滔不绝地说话，效果反而不好。你不妨找机会多与对方见面，每次时间别太长。这样，给对方一个念想，让他回味你的为人，期待下次的见面。

如果你去请求并不熟悉的人办事，道理也是一样。千万别一次把礼送完。想想看，把10万元分成10次，每次一万元送出去，是不是比一次送10万元效果好很多？把礼物分成多份，这样可以加深对方的印象。

用良好的品质修饰能力的不足

一个人最重要的不是学识、才能，而是品质。没有好的品质，就算有再高的学识和才能，也是不容易成功的；而有了好品质，就能弥补学识和能力的不足，影响和操纵别人对我们的肯定。

在一个刮着大风的下午，公路旁边的旷野中出现了一幅奇怪的景象：一个残疾的中年人正摇着轮椅拼命地追赶着一大片在空中飞舞的报纸，他努力想抓住那些报纸，可风实在是太大了，他残疾的双腿难以承受这繁重的任务。转眼间，报纸落得到处都是，中年人没抓到几张。

周围人看到了这一幕，感叹于残疾人的不幸，便主动过去帮忙。费了好大的劲把报纸都收拢之后，大家便问他找这些报纸做什么。

残疾人挣扎着坐回到轮椅上，手臂抖个不停，面色苍白地说："老板派我给客户送去几捆报纸，可是我到地方时发现少了一捆，就赶紧回来找。走到这时，才看到报纸飞得满地都是，只好一张张拾起来，一张都不能少啊。"

大家又说："你这样子，很难一个人解决问题，为什么不直接跟老板解释原因呢？他应该会理解的。"

残疾人很奇怪地望着大家说道："为什么自己不解决问题呢？毕竟错误是我自己犯下的啊，我必须这么做。"

丝毫不回避自己的责任，不找借口来推卸自己的过错，他以自己的品质赢得了路人的尊敬、老板的信任，获得了更多的支持。

美好的品质，是一个人的立身之本。

有这样一则故事：

一位国王，有一次和亲近的臣子在沙滩上散步，这位近臣以奉承的口气夸国王的权力有多大、影响有多广，颂赞之声不绝于口。国王静静地听了好长时间，他转头面向大海："海啊，我是你的统治者，我有很大的权力，现在命令你停止前进，不准弄湿我的脚。"但是海浪丝毫没有停止，仍旧一波波地袭来，并且打湿了国王的脚及拖地的长袍。国王转身告诉这位近臣："你看，这波浪不是不听从我的命令，可见国王的力量也和其他人一样微弱，只有上帝才能使一切对他臣服。"

人贵有自知之明，身处高位，并有自知之明，那才是非常可贵的。

有一个云游四方的道士，无意间捡到一颗宝石，他随手装入背袋中。有一天，道士碰到一个疲惫不堪的旅行人，他和这人分享他所有的食物，这人看上了道士袋中那颗灿烂的宝石，而道士毫不犹豫地就将它送给了这个旅行人，那人兴奋地拿了就走，口中直呼幸运。但过了数日，那人又来找道士，并且恭敬地将宝石还给了道士，并说：“我不要这颗宝石，我要更贵重的，是什么样的意念使你愿意把这么贵重的东西送给我?请指教。”

一个具有优秀品质的人，其价值要远远大于许多有价之宝。对一个人来说是这样，对一个企业来说也是如此。服务品质的优劣，将操纵着它的生存和发展。

在美国有一个家庭主妇买了一包刚上市的麦片，第二天品尝了之后，感觉不满意，于是她依照美国消费者权益保护法，对这种不满意的产品要求退款。在投诉信寄给麦片公司后，她又尝了一次麦片，觉得其实也还可以，但在这个时候麦片公司却寄来了一张退款支票。并附上了很诚恳的道歉信，为他们的产品不合口味而道歉，并欢迎她继续使用其他产品。这样一来，她倒是感觉不好意思。又写了一封信告诉麦片公司，她现在蛮喜欢这个产品的，并且也退回了退款支票。然而麦片公司却寄来了更多免费的新产品，同时征求她把这个情况刊登在公司的刊物上。如此一来麦片公司保住了一位老顾客，却因这位老顾客的故事，吸引了更多的新顾客。

有经验的产品管理专家一致认为，品质是拉住客户最有效的利器。事实上道理很简单，客户购买我们的产品，她要的也是利益。而有能力提供稳定可靠的产品品质，事实上也是等于提供给客户稳定可靠的利益。

所以，我们应该时刻牢记优秀品质的巨大影响力，用高尚的品质来修饰能力的不足，给他人留下良好的印象。

两只眼睛看人，不以偏概全

一次，有朋友向林肯推荐了一位才识过人的阁员，但是总统在约见他之后，不想任用这个人，这个人不修边幅、邋邋遢遢，林肯很不喜欢这样的人，所以他不会用他。

这样一位伟大、英明的总统怎么也会犯以貌取人的错误呢？这也许让人感到奇怪。那位朋友也很气愤林肯对于面貌的偏见，于是愤怒地责怪林肯以貌取人，说任何人都无法为自己的天生脸孔负责。这时，林肯说：“一个人过了 40 岁，就应该为自己的面孔负责。”那位阁员固然可能在某一领域做过大量深入的研究、就某些问题有着精辟过人的见解，但是如果他连约见总统的事都不放在心上，不能做到以自己最好的一面展示给总统，那么总统又怎么能够在最短时间内判断出这个人是可用的，是值得信任的呢？

一个人外在的形象虽然在一定程度上表现了他的品位、地位等方面，但只以外貌取人，也难免会犯错误。有时候，身份显赫的人为了保持低调而表现得平易近人，甚至穿戴平平让你一点都看不出来。如果你一不小心小觑了他，就会得罪人；有时候，一些别有用心的人抓住了人们趋炎附势的心理，装出一副衣冠楚楚的样子，很容易让人上当受骗。有时以貌取人会识错人，如果想要使自己交的朋友不是伪君子，就必须从其他方面着手，而不是只看外貌就能决定一个人的为人处世和品质的。一只还是两只眼睛看人，将操纵着你是否有正确的选择。

虽然林肯以貌取人也有其可圈可点之处，我们却不能忽视第一印象的巨大影响，因而必须通过提高自身修养来提升自己的形象，为将来的成功奠定基础，搭好台阶。

汉代扬雄曾说：“行轻则招辜，貌轻则招辱。”行为举止轻率，就会招致罪过；衣饰相貌不整，就会招致羞辱。”

托尔斯泰笔下的安娜·卡列尼娜，在她对卡列宁钟情时，觉得对方的一切都那么美好，甚至连他耳朵上的那颗痣也显得那么协调，不可缺少。但当她对卡列宁生厌时，就觉得对方的一切都那么丑恶，而耳朵上那颗痣特别刺眼、恶心。这种心理反应，就是我们所说的晕轮效应在作祟。

晕轮效应无时无刻不在操纵着我们：如果对方给我们留下了特别突出、特别好的第一印象，就会掩盖我们对他的其他品质和特点的正确了解。孤立地以貌取人、以才取人、以德取人、以某一言行取人、以某一长处或短处取人，都属晕轮效应，是不正确的知觉。不要犯“一白遮百丑”的错误，要正确认识他人，不要以貌取人。

从前有一个大富翁，嗜酒如命。有一天他要去办一件他非去不可的事。可是他又担心仆人趁他不在的时候偷吃东西，或偷喝他的美酒。当然富翁已经特别小心的提防，他挑选的这个仆人长着一副呆头呆脑的模样，照理说不会太狡猾，也不懂得偷东西吃或找借口。虽然这样，但富翁还是小心翼翼，对仆人特别的不放心。

富翁临出门前对仆人交代说：“你留下来看管房子。厨房里挂了一块猪肉，要看好，不要去动它。厨房旁边还有一只鸡，也不要去惹它。这些都要照顾好，不要让猫狗跑进来偷吃。”他又说：“那边有一个密封起来的瓮，里面装的是老鼠药，无论怎样都不能去碰它!”

然而，那个富翁刚走没多长时间，仆人便把猪肉拿下来烤，吃个精光。接着又把鸡杀了吃，同时还一边喝着酒！仆人酒足饭饱之后，觉得十分痛快，便醉醺醺地躺在沙发上呼呼大睡起来。

等富翁回来之后，看到仆人躺在沙发上睡觉，满身酒味，而且睡觉时还把鸡骨头踢得到处都是。于是便叫醒他，问道：“嗨，我的鸡和猪肉到哪里去了？还有我的酒……那边那瓮毒药到底怎么回事?”仆人开始号啕大哭，跪在地上说：“主人，请饶了我吧，我确实按您的吩咐，尽力看管您的房子和所有东西。

可是很不幸地，有一只小猫跑过来，爬上厨房的屋顶，把那块猪肉叼去吃掉了。狗看到猫的举动后，也有样学样地把鸡咬到外面吃了。我很担心主人回来后会骂我或把我杀了，因此我就把那瓮毒药喝下去，可是怎么到现在还活得好好的呢？”

在这个故事里，仆人虽然外表老实，但内心奸诈，他不但不恪尽职守，还把责任推得一干二净。我们在与人交往的时候一定要小心，不要以貌取人，因为有些人尽管看起来笨笨的，但其实并不笨；有些人外表看起来很甜美，却不见得如此。我们要看他们做事的方式和结果，要从内在了解他们，不能只凭外表就断定一个人的好坏。

第 3 章

提高亲和力，为你的影响力加分

印度诗人泰戈尔曾说："当我们最为谦卑的时候，便是我们最接近伟大的时候。"一个人无论你的知识多么丰富，口才多么犀利雄辩，能力多么卓然出众，都应该时刻以谦恭的态度严格约束自己。

承认缺陷，让别人觉得你很真实

人们总是喜欢把自己最光鲜的一面展示给他人，即使自己知道自己的缺点，也会尽量掩饰。但是我们同时也知道，人无完人，人人都有缺点。我们何不把真实的自己展示给他人看呢？其实敢于承认自己的无知和缺陷，往往能给对方留下更好的印象，增加自己的信任度。

一般人都有不愿让别人看出自己有缺陷的心理，因此“不懂”二字很难说出。其实，如果你勇敢地承认自己不知道，反而可以增加别人对你的信任，因为坦诚地说出“不懂”，会给人留下诚实的印象。再者，其勇气也是令人佩服的。如果敢于承认自己有不懂的人，说出的话别人就会认为一定是可信他才说的，因此对他也就会更信任。

在交往中，将自己的缺点明确表示出来，往往会得到别人的信任。因为一般人都是想方设法掩饰自己的缺点，所以，如果有人有意暴露自己的缺点而会让别人觉得他诚实，从而对他产生信任感。

当然，暴露自己的缺点，最好适当透露一些无关紧要的缺点，这样不至于别人对你宣判“死刑”。

某家具公司一个非常能干的员工，平时工作一丝不苟，为公司赢得了很多的客户，获得了巨大的利润。然而，他并不是一个受人喜欢的人，同事们都称他为“机器”，他不以为然。直到有一天，他听到老板与人聊天时也说他是“机器”，他困惑了。他不理解，为什么所有人都那样对待他。于是，苦闷的他独自到酒吧喝得酩酊大醉。第二天，当他睡醒时，却发现自己一直睡在公司橱窗里的沙发上，路过的人们都在用异样的目光打量他。他以为老板会因此而责怪他，同事会笑话他，他甚至做好了辞职的准备。然而，老板不但没有责备他，反而对他大加赞赏，同事们也从此开始对他笑脸相迎。他不知道，他的无心之举反倒帮助了他，使他在人们心目中的形象丰满起来，变成了有血有肉的人，而不再是“机器”。

这种现象在心理学上被称为“犯错误效应”，也叫“白璧微瑕”效应，即小小的错误反而会使有才能者的人际影响力提高。

因为一个能力非凡的人给人的感觉是不安全的、不真实的，人们对于这样的形象不是真正地接纳和喜欢，而是保持距离地敬而远之或敬而仰之。中国杂技团在国外演出也曾经出过错，然而，当地的观众并没有因为演员的一时失误而冷嘲热讽，前去观看演出的人仍然络绎不绝。因为人们通过杂技演员的失误了解到，他们那些惊险的动作是真的。真实，给人最深刻的印象。

美国前总统肯尼迪试图在猪湾侵人古巴，虽然这一计划惨遭失败，但是他的声望却大大提高了。肯尼迪在公众的眼中是一个过于完美，无可挑剔的人，让人感到他不是凡人，无法和他相提并论；但是当他也像常人一样犯些低级错误，反而让人们对他产生亲近体谅的感觉，“犯错误”让他更加有亲近感了。

通常情况下，人们喜欢有才能的人，才能的多少与被喜欢程度是成正比的。但是，如果一个人的能力过强，强到足以使对方感到自己的卑微、无能和价值受损，而他又爱突出自己，事情就会向相反的方向发展。人首先是进行自我价值保护的，任何一个人，无论如何不可能去选择一个总是提醒自己无能和低劣的对象来喜欢。相反，一个犯小错误的能力出众者则降低了这种压力；缩小了双方的心理距离，维护他人的自尊，因而也赢得了更多人的喜爱。

“犯错效应”提示我们，如果是一个强者，请不要过于“包装”自己，追求“锦上添花”；恰当地“示弱”，适度地暴露一点“瑕疵”，反而会赢得更多人的亲近和喜欢。

牢记，并见面喊出对方的名字

记住一点，人最关注的是自己，当你能够记住他人的姓名，你就会使对方感到自己受到了重视，从而赢得对方的好感，记住他人的姓名，这也是成功人士常用的手段。

每个人都对自己的名字很重视——因为那是与每一个人的自尊心有着非同寻常的密切关系的东西——表示尊敬就可以获得他人的喜爱。

有许多工商界的领袖都明白，知道自己数百乃至上千个下属的名字，以便随时都能叫出他们的名字来和他们交谈，这是极其必要也是行之有效的一种策略。

这种策略的影响力，可以从卡尔莫斯被人从国家银器公司中挖去这件事中很明显地看出来。罗伊·蔡平与霍华德·科芬一起合作，共同成立了一家汤姆斯·第脱茂汽车公司，他们决定邀请卡尔莫斯前来加盟，但是当时卡尔莫斯在国家银器公司已经有年薪 7 万美元的高收入，所以他拒绝了一切优厚条件。后来，当汽车公司答应以他的名字作为公司的名字，表示对他的敬重之意时，这一条件的诱惑是如此之大，以至于他再也无法拒绝了。于是这家公司最终如愿以偿，并将该公司更名为卡尔莫斯·第托茂汽车公司，卡尔莫斯也欣然放弃了他原有的报酬丰厚的工作。

美国总统罗斯福就知道一种最简单、最明显、最重要的获得他人好感的方法，那就是记住他人的姓名，使他人感觉到自己很重要，因为总统都记得我。

罗斯福还没有被选为总统时，去参加一个盛大的宴会，当时他刚从非洲回来参加竞选，席间坐着许多不认识的人。但这些人都是有身份和地位的，在自己的竞选过程中肯定需要他们的帮忙，如何让宴会上的这些人成为自己的好朋友呢？

罗斯福找到了一个他熟悉的记者，从他那里了解到这些陌生人的名字以及他们的一些情况。然后他从容地走到这些陌生人中间，主动地叫出他们的名字，谈了一些他们感兴趣的事情，此举大获成功。那些本来就对罗斯福有敬仰之心的人，见他连自己的名字都喊得出来，顿时受宠若惊，很快就把罗斯福当成自己的亲朋好友，并成为他后来竞选时的有力支持者。

记住他人名字的重要性，不仅表现在政治上，在生意场上，也是十分重要的。美国著名的钢铁大王卡内基就深深懂得这一点，他本人并非是钢铁方面的专家，但他却能够统率众多的钢铁专家，这与他熟记他人的名字并灵活应用他人的名字有关。

卡内基管理的中央运输公司与普尔门经营的公司都要征得联合太平洋铁路卧车经营权。为此，他们互相排挤、销价损伤所有获利的机会，有一天晚上，卡内基在圣尼古拉旅馆遇到了普尔门，他说："晚安，普尔门先生！我们两个不是在作弄自己吗？""你什么意思？"普尔门问道。于是卡内基说出了他心中的想法——将他们双方的利益合并起来。他用道理鲜明的话语叙述互相合作而非竞争的彼此利益，普尔门注意倾听，但未完全相信。最后他问道："这新公司你打算叫什么？"卡内基立即回答："当然是普尔门皇宫卧车公司！"

普尔门的面孔发起光来，"到我房间里来！"他说："我们来详细谈谈。"那次谈话创造了实业界的奇迹。

作家雨果最热衷的莫过于有朝一日巴黎能改名为雨果市。甚至连著名的莎士比亚，也千方百计为自己的家族争取一枚象征荣誉的徽章。

能记住 5 万人名字并靠记住他人名字成功的吉姆在早年就发觉普通人对自己的名字最感兴趣，记住他人名字并十分容易地呼出，你便是对他有了巧妙而很有效的赞美，但是如果你忘记了或是记错了他人的名字，就会置你于尴尬的境地。

成为政治家的第一课就是：“想起选举人的姓名就是从政之材，想不起来就是湮没。”

很多商界精英认为，最必要又有效的策略莫过于知道自己众多下属的名字，能够随时叫出下属的名字，并能与他们顺利交谈。

有谋略的人经常会用各种方法来表示自己对他人所重视的东西的尊敬。人最重视的就是自己，所以我们想与他人友好相处，就要重视对方，记住他的名字。

态度谦卑的人最接近伟大

印度诗人泰戈尔曾说：“当我们最为谦卑的时候，便是我们最接近伟大的时候。”一个人无论你的知识多么丰富，口才多么犀利雄辩，能力多么卓然出众，都应该时刻以谦恭的态度严格约束自己，尊重他人。这样，才能获得良好的人缘，得到别人的尊重。

京剧大师梅兰芳不仅在京剧艺术上有很深的造诣，而且还是丹青妙手。他拜名画家齐白石为师，虚心求教，执礼甚恭，经常为白石老人磨墨铺纸，全不以为自己是名演员而傲慢。

有一次，齐白石和梅兰芳到同一户人家做客，白石老人先到，他布衣布鞋，其他宾朋皆社会名流，他们或西装革履，或长袍马褂，齐白石显得有些落俗，不引人注意。不久，梅兰芳到，主人高兴相迎，其余宾客也都蜂拥而上，争相同他握手。可梅兰芳知道齐白石也来赴宴，便四下环顾，寻找老师。忽然，他看到了冷落在一旁的白石老人，就让开别人一只只伸过来的手，挤出人群向画家恭恭敬敬地叫了一声“老师”，以向他致意问安。在座的人见状很惊讶，齐白石深受感动，几天后特向梅兰芳馈赠《雪中送炭图》并题诗道：记得前朝享太平，布衣尊贵动公卿。

如今沦落长安市，幸有梅郎识姓名。

真正的大师向来都是无比谦逊的。即便面对他人的挑衅，他们也会淡然处之，绝不会冲动地和别人一争高下。

芒西的同事欧尔曼·雷奇著有《芒西的传记》一书。书中有一个很有启发的故事，从这个故事中我们可以看出，芒西是如何从一个地位低下的人而登上《纽约太阳报》出版人那样的高职位的，从中我们也可以看出芒西成功的原因。

芒西去世后，雷奇说："大约 25 年前，我便右耳失聪了。从此，每当我们共处时，他总站在我那只正常的耳朵的那边，无论是在他的房里、写字间，还是在汽车里、大街上、用餐时……无论何时，他总站在我的左边，这让我感觉，我并不是一个残疾人。而且，他这样做的时候是那样的自然而随意，没有人能注意到他是有意的，这太让人惊讶了……他真是一个处处为朋友着想的好人。"

芒西也像所有有才干的人一样，总会在细小的事情上照顾他人。这种细节上的注意让他人感觉到体贴。有心人都知道如何小心经营，去赢得他人的好感和支持。有时候往往因为一些小事会与人结下深厚的友谊，从而迈向成功的彼岸。

能让他人愉悦是最伟大的艺术，也是人们最应学习的艺术。其实要做到这一点并不难，只要你尊重他人，满足他人的合理需求，就会得到无尽的回报。

帮助他人虽好，但不可过头

我们提倡乐于助人，但是在帮助别人的时候，一定不要鲁莽，而要讲究方式，委婉而巧妙；讲究"度"，不轻给、不滥给。这样，既可以维护别人的自尊心，也可以给对方一种强烈的刺激，使他对你心存感激。相反如果帮助不注意方法，会适得其反。

刚来公司工作的小刘是个天生的交际人才，他喜欢与人交往。工作不忙时总爱到别的部门转转，没多久，就与公司里的人熟悉了。他待人热情，乐于助人。遇到办公室的同事有困难，他总是自告奋勇，常常还没等别人张口请他帮忙，他就说："小事一桩，我替你摆平！"

同时，他为人也很随便，常常让同事帮他做事，对于别人给予的种种好处，总是来者不拒。就拿吃早餐这事来说吧，要是早上没东西吃，他会伸手向办公室的人要，甚至跑到别的办公室找吃的。小刘感觉一直很好。两年后，部门经理提升了，小刘作为候选人，参与考核。他想，自己要能力有能力，要关系有关系，这个部门经理非他莫属。不料，他却落选了。

原来，同事给他打的分，远远低于他的对手。领导认为他还太年轻，不会处理人际关系。

小刘为人失败在哪里？一个人，如果从不帮助他人，很难有太大的成就。但是，如果帮助的方式不对，也可能费力不讨好，对方非但不感激你，还怨恨你。

在帮助对方的时候，如果伤害了对方的自尊心，对方也不会领情。这就是为什么那些受过小刘太多恩惠的同事，内心反而不喜欢他。

小刘给予同事帮助太多，但是不注意方式，虽然自己觉得做得很好，却在无形中伤害了同事的"自尊心"。

人们通常认为，经常给别人一些殷勤的关心与帮助肯定会赢得别人的好感。

这种想法并不完全对。适当的帮助对彼此都是有好处的。但是，如果对别人的帮助过了头，使别人觉得自己软弱无能，引发了他的自卑感，就会导致他以为自己"没有出息"而苦恼。如果这种苦恼对他触动太深，他就会把这种苦恼的原因归结到让他陷入这种处境的人，即帮助他的人身上，以怨报德，而对帮助他的人心存芥蒂。

小刘一味地充好人，做事太主动太张扬，还没等别人提出请求，就说“小事一桩，我替你摆平”，虽然帮了人却遭人恨。同事心里也许会想“你有什么了不起，不就多认识几个人吗？”“就你有能耐，什么都是小事？”

同时，小刘在接受别人的恩惠时太随意。要知道，接受他人的帮助应适当，也应讲究一个“度”。如果对别人的帮助，我们一概拒绝，不利于拉近彼此的距离。适时地接受他人的帮助，可以让他人有一种施惠于人的满足感与成就感。当请求他人赐予我们一些小恩小惠时，我们得到的不仅是小恩小惠，还有他人的好感与亲近。这也是为什么我们有时需要主动请求他人给予我们一些恩惠。

不过，如果反过来，我们要求太多，太随便，也不好，那样会让对方心烦，让对方看不起。对方可能认为你能力太差，什么都需要别人帮忙，或者认为你不把他当回事，随便使唤。

总之，不论是帮助别人，还是接受别人的帮助，都需要把握一个界限，注意自己的态度。只有这样，你提供帮助才会得到别人的感激，你接受帮助才会赢得他人的好感。

在一家塑料制品企业经营部。一天，经理火急火燎地过来问：“冉宏的那份合同做好了没有？”恰巧冉宏出去办私事。同事易敏说：“冉宏刚刚出去，可能上厕所了吧，您需要哪一份合同？”“就是与宏达塑钢窗厂签订的那一份合同，越到节骨眼儿上越快越好。”经理答道。“冉宏一会儿就回来，我先找一下。”经理走后，易敏给冉宏打电话，找到了那份合同，及时给经理送了过去。关键时刻易敏帮助了冉宏，冉宏非常感激。此后两个人的关系十分密切，成为知己。

在工作与生活中，一个人肯定会遇到各种各样的困难，在同事遇到困难时帮他，会得到同事的感激，还为彼此的关系拉近了距离，帮助别人搬开脚下的绊脚石，有时也是为自己铺路——帮助他人等于帮助自己。在帮助别人时，任何一种努力都不会白费。帮助同事得到同事的尊重，更容易得到老板的器重，因为你在帮助同事的同时，向老板展示了自己的能力。

但是别人有困难的时候帮助他，切不可以以此作为人情记在心头，也不要沾沾自喜，自鸣得意，时常将对别人的帮助挂在嘴边。这样的人的帮助谁都不会领情，也不要期望对方给你回报，否则不但加深不了感情，反而落得个吃力不讨好。

低调做人不张扬，礼让光环不居功

低调做事是一种责任，一种气魄，一种执着追求的精神。做人不要恃才傲物，当你取得成绩时，你要感谢他人、与人分享、态度诚恳，隐藏内心的极度的喜悦与骄傲，这样才能让对方吃下一颗定心丸。如果，习惯了恃才傲物，总表现出看不起别人，那么总有一天你会吃苦果。

大度睿智地低调做人，比不可一世地高高在上更有助于问题的解决。简朴是低调做人的根本：也许你已腰缠万贯，但是还是应该在生活上低调些，不仅有助于自身的品德修炼，而且能赢得他人的交口称赞，也不会给自己带来麻烦。

有些人稍有名气就到处得意地自夸，喜欢被奉承，最后落得个到处张扬的不好的名声。所以在取得一定成绩时要学会藏锋敛迹、不沾沾自喜，千万不要把自己变成别人的眼中钉。

做人不能太精明：不要小聪明，不要过分地展示出自己的精明能干，始终处于冷静的状态，在“低调”的心态支配下，兢兢业业，才能有所成就。

涉世之初的年轻人往往个性张扬，率性而为，不懂委曲求全，结果处处碰壁。而涉世渐深后，就知道了轻重，分清了主次，学会了少出风头，不争闲气，专心做事。保持生命的低姿态，避开无谓的争斗，绕开意外的伤害，才能更好地保全自己，发展自己，成就自己。

要知道，耄耋老人坚硬的牙齿脱落时，柔软的舌头还在。柔弱胜过坚硬，胜过有为。我们应学会在适当的时候保持低姿态，这绝不是懦弱和畏缩，而是一种聪明的处世之道，是人生的大智慧、大境界。

千万不要让锋芒在别人的眼前晃动。人生好比一场战斗，要学会隐藏自己，适当的时候再出击，使自己得以施展才华，能够运筹帷幄，决胜千里。

如果你善于发现他人的出色表现和引以为自豪的东西，对方会非常感激你。与人交往，尤其是在职场中聪明人往往是“推功揽过”，将功劳让与大家，从而得到大家的赞许；而愚蠢的人往往“揽功推过”，一旦有功便争先恐后，有过便推给别人，这种人往往让人避而远之。

所以，我们在功劳面前不妨多想想他人——那些曾经和我们一起努力奋斗，而无缘享受功劳的人，我们应该将那些能够享受到的功劳与他们一起分享，甚至应该让出功劳，让大家一起体会苦尽甘来的感觉。只有这样，我们才能获得他人的认可，受到他人的尊敬。

替他人表功，在不知不觉中改善了自己的生存环境，获得了较和谐的人际关系网。

有一次，著名的帕特南出版公司经理乔治·帕特南公开抄袭他人的演讲辞，然后又调换演讲的顺序，以达到一种特殊目的。当时，他把博士的演说辞讲了一遍。到博士演说的时候，就根本没有任何顾虑，只要根据他所讲的内容，用商业角度考虑一下这个问题，就能取得很好的效果。换言之，帕特南是藏身幕后，用巧妙的手段将博士推到前方，使之成为享受荣耀的人。

事实上，真正成功的人士都善于礼让光环。

富兰克林即是这样。25 岁时，他创立了费城图书馆，后来又建成了一所学院（即今日宾夕法尼亚大学）。可是，他总是避免在这两项事业中“出面”。他用朋友的名义为喜欢读书的人创立图书馆；建立学院之时，他也隐瞒自己创始人的身份，而归功于一些热心于公益事业的绅士。

富兰克林这样说道：“当你倡议一件于人类有益的事业时，不应老是表现自己。如果这样，人们就会很自然地以为你是个贪图名利之人，也使一些人心里不痛快，而正是这些人将决定着你的事业……总而言之，牺牲自己一时的虚荣心，日后也能得到更多的补偿。”

聪明人处理问题总是以事业为根本出发点，并不看重个人得失。

伟大的铁路建筑家哈里曼病逝前，沙纳西在其身边陪伴。在谈到这件事时，沙纳西说："我感觉……他有一种伟大的力量，使得那些接触过他的人都十分忠诚于他。他能具备这种力量，是因为他能慧眼识人，还能使他身边的人对他怀有一种深深的信仰，坚信他不为私利而为大众谋幸福，那是一种比任何人的志向都博大高远的志向。"

在面临众多问题时，庸人总是将自己的利益、妄想和虚荣心居于一切之上。真正具有领导才能的人，总是懂得礼让功劳，使得周围的人愿意与他合作。

善于倾听，让你显得更具亲和力

即使你是个天才的演说家，周围的观众也难免会有厌烦的时候，所以，要在适当的时候学会闭嘴，倾听周围人的声音，在他人的诉说中获知一份真实的感情，一份隐秘的心思，从而获得他人的尊重和信赖。

要想成为一个善于与人沟通的谈话高手，就要先从一个倾听者做起。谈论他人比较喜欢的话题，鼓励他人谈论自己以及他取得的骄人成绩。在倾听的时候，你需要记住的就是与你谈话的人对他自己的一切，远比你要提问的问题感兴趣得多。

善于倾听，会让你处处受人欢迎。见机行事，适时地闭上嘴巴。人人都有思想和意见，一旦这种思想和意见积聚过多，就要找个方式释放一下，此时，最好的方式便是与他人沟通、交流，所以，如果有一个人能够在这时全神贯注地倾听他的诉说，必定会博得对方的认同和好感。

很多人在与人交往时，往往牢牢地控制谈话权，不给对方任何说话的机会，因此错失了很多机会。倾听是一门艺术，世界上最难做到的事莫过于适时地闭上嘴巴。如果你想成为最受欢迎的人，那么，和对方谈话时最好把说话的机会留给他，让他说他所关心的事和人。

但许多人并不懂得这个道理。当别人说的话自己不同意时，往往不待别人说完，就想插嘴。实际上，这样做是不理智的，不但不能使别人放弃自己的主张来迁就你的意见，而且还让别人觉得你非常没有礼貌。你想想别人正有一大堆的话急于说出来，你却插嘴，这时他根本就不会注意你想表达的意思。所以，我们必须耐心听，并且鼓励对方把意见完全说出来。

人不会轻易动怒，如果一个人因愤怒而向他人发泄时，一定是他认为自己的自尊心受到了伤害，才向对方显示出他的威严。这时我们要注意，不管他的怒气多么凶狠或者多么可笑幼稚，唯一平息他心中的怒火的是：静静地听他诉说，而且要表现出很虔诚地在听，偶尔还需要表现出理解他此刻的心情，即使不能同意他的观点，也要表示出理解与同情。

李经理去一家常去的餐厅吃饭，因为生意上的事情没有解决好，他的心情十分糟糕，就在李经理等待服务员给他送上所点的菜的时候，他发现邻座比他晚到餐厅的客人的桌上已经上了菜肴。李经理勃然大怒，质问旁边的服务员为什么他早来了但点的菜还没有上来，而比他晚来的人却先上了菜，这样做太不公平，让人难以接受。在一番吵闹后，餐厅经理过来了，了解了情况以后，叫服务员先下去，餐厅经理站在李经理的旁边听他抱怨完后，微笑着向他道歉，并说因为吃饭时间的客人太多，难免有疏忽。并解释之所以邻座的菜上得比较快，是因为他们点的菜恰好跟前面的客人点的菜一样，师傅就一起做了，所以才上得比他的快。说话功夫，李经理的菜已经上来了，餐厅经理还让服务员赠送了一份果盘以示向他道歉。李经理回想起自己发火的原因觉得很没有意思，他自己心里知道是因为生意上的事情让他纠结，才使他脾气暴躁，觉得为了这样的事情发脾气显得很没有风度。李经理不好意思地说："没什么，只是到了吃饭的时候，人的心里就着急，看到其他客人都吃上了，就更加着急了！"

这件事情本来李经理发脾气不对，如果餐厅经理不是耐心地听他抱怨，以温和的方式来平息李经理的怒气，想必最后肯定是不欢而散，即使李经理知道自己发脾气是没有道理的，也可能再也不会光顾这家餐厅了。

> 一家电气公司的经理新上任的时候，就被一个客户大骂了一顿，其实也不是大骂，就是客户写了一封措辞严厉的信给公司，信中称对该公司的服务非常不满意，于是这名经理亲自拜访这名不满意的顾客。经理在接待处见了这位顾客后，见顾客铁青着脸。经理立刻对自己说现在的首要任务就是让他把心中的怒气平息。他决定一言不发，让对方发泄个够。在对方鞭炮似的指责后，经理知道事情的症结所在，他只是稍微提一些建议。之后，这位顾客竟然说："你说的话让人愿意听，不过我不是怪你们，我是怪公司，不是针对你们的。"经理说："公司服务不好，我们做员工的有责任，如果您的问题得不到解决，就是我们的工作没有做好。"这时客户说："这样吧，其实问题也不大，以后我再也不写信给你们公司了，你看行不？"而且顾客果然很讲信用，再也没有写信到公司去，就这样事情轻易解决了。

这个经理用了什么绝妙的好法子呢？其实很简单，他只是在对方发泄愤怒和不满时，静静地在一旁听对方的抱怨，等对方发泄完了，这时候你可以从他的言语中找到对付他的办法。学会适时地闭上嘴巴，倾听他人，理解他人，能化解许多的纷争。当我们静静地坐下来倾听对方内心的声音，同时以清澈的眼神注视着对方时，会让彼此产生心灵上的共鸣。

感兴趣的话题让彼此走得更近

人活在这个世界上，生理、心理上都有各式各样的需要，我们应当尽可能去满足别人的正当需求，并以此为前提，同时也尽可能满足自己的合理需求。

也许你有过这样的经历，与某人谈话很投机，可对方只说几句就结束话题了。人们在交流中，运用最多的就是嘴，我们要把这个交流的利器用到极致，就要掌握好交谈的技巧。除了谈论对方感兴趣的话题外，更重要的是与对方形成互动，而不是一个人在那里没完没了地发言。在交谈中，要注意避开对方敏感、不愿触动的话题；不要伤及对方的自尊心；要让对方有发表自己见解的机会。

日本作家桐田尚作曾经说过："要建立良好的人际关系，要先了解每一个人的家庭背景和生活环境，如此才能切入他的思想领域，和他进行更密切的沟通和良好的互动。"

平常，我们在与人交谈的时候，最好选择那些容易引起别人兴趣的话题，而那些不吸引人的话题最好少谈，这样才能使交谈持续下去。

每个人都有自己的情形，诸如地位、素养、身份、职务、兴趣、气质、性格、习惯、经历等，都各不相同，因而决定了每个人选择的话题不同。

老年人喜欢谈论过去，年轻人乐于憧憬未来，男人热衷于竞争、比赛、时事等话题，妇女则对时间、感情、家庭之类的话题感兴趣，这些都说明了话题的选择要根据谈话对象而定。

一个话题，只有让对方感兴趣，谈话才有进行下去的可能。如果是只从自己的兴趣出发，肯定会使别人感到索然无味。

美国女记者芭芭拉·华特初遇世界船王兼航空巨头奥纳西斯时，他正与同门热烈讨论着货运价格、航线、新的空运构想等问题，芭芭拉始终插不上一句话。

在共进午餐时，芭芭拉灵机一动，趁大家讨论业务中的短暂间隙，赶紧提问："奥纳西斯先生，您不仅在海运和空运方面，甚至在其他工业方面都获得了伟大的成就，这真是令人震惊。您是怎样开始的？起初的职业是什么？"

这个话题叩动了奥纳西斯的心弦，使他撇开其他人，同芭芭拉谈论了很久，动情地回忆了自己的奋斗史。

这就是一个好话题的威力，它激发了对方的荣誉感和成就感。一个话题如果能在某方面满足对方的需要，就能促使对方侃侃而谈，也同时满足谈话者的需要。

在生活中，我们经常会遇上陌生人，飞机上的邻座，同一车厢上下铺的旅客，地铁或是汽车站站在你旁边的乘客，同乘一部电梯，同在一个屋檐下躲雨，同一考场的考生，参加同一次面试等等。常言说得好："相逢即是有缘。"多个朋友，多条路，朋友多了好办事。把陌生人变成你的朋友，是一个人高超的社交能力和社交艺术的表现和反映。当遇到陌生人的时候，你会不会与他或她交谈呢？想让他或她对你有一种相见恨晚的感觉吗？这就需要掌握和陌生人交谈的技巧。有道是"拥有好口才，陌路也能成知己"。

善于找到兴奋点。有的人相处了一辈子仍形同陌路，而有的人却能一见如故，相谈甚欢。要想让陌路人成为知己，就要细心观察，找到兴奋点和关注点。由此，可以引出话题来。

善于寻找双方的共同点。同陌生人交谈，还要善于寻找自己同对方的共同点，这样会使双方产生一种相见恨晚的感觉。

杨光坐火车回家，找到自己的床铺后，就主动和下铺的人攀谈起来："您好，我是从上海来的，您是哪里人啊？"

"嗯，云南大理。"

"大理啊，那可是个好地方，五朵金花的故乡，还有金庸先生的好多电视剧就是在那儿拍的。"

"是啊，那里有个天龙八部影视城。"

"那你是白族吗？"

"是啊！"

"我听说白族的三道茶很有名的。"

"当然了，这个三道茶啊……"于是，两个人就这样三道茶、云南各民族的风土人情再到金庸小说一直聊了很久，颇有相见恨晚的感觉。最后下车时，相互留了联系方式。

成功谈话的秘诀重要的不是交谈，而是寻找共同感兴趣的话题。在谈话时，要学会察言观色，抓住对方的自重心态。如果对方情绪低落或是伤心欲绝，那就不要急于交谈，而是先安抚对方或是让对方自己一个人独处；若是对方兴高采烈、兴致盎然，你大可以提出话题与之分享。一般引入的话题可以是对方的爱好，因为人们在谈到自己的爱好时总是很容易入耳，谈起来也会口若悬河、津津有味。也可以寻找出双方的共鸣点。如有相同的阅历，相同的爱好，或是对双方共同知悉的一些事情发表见解。在交谈中掌握他人心理，做一个受人欢迎的人。

第 4 章

找准影响的支点，让他人无法拒绝

示弱不应该只表现在嘴上，有时还要表现在行动上。自己在事业上处于有利地位，获得了一定的成功，在面对某些小利益的时候，即使有条件和别人竞争，也要尽量回避、退让。

求人办事，没钱没利不可没方法

在向别人提出自己真正要求之前，先向别人提出一个大要求，待别人拒绝之后，再提出自己真正的比较小的要求来，别人满足自己要求的可能性就会增大。

小孩想养只宠物猫，但是考虑到家里可能不同意，于是就对爸爸妈妈说：“我好寂寞呀！没人陪我玩，给我生个小弟弟吧，好不好？”

小孩可怜巴巴地哀求着爸妈，看到爸妈否定的表情（其实，心里早就知道），装作委屈地说：“那要不，就给我买只宠物猫吧。”

于是宠物猫就来了。

妻子在逛商场的时候，看到了一件标价800元的裙子很漂亮，想让老公给自己买，但是考虑到老公可能不同意，于是，就对他说：“老公，我们好久没出去旅游了，最近好烦啊，不如我们去欧洲玩一趟吧，雅典、巴黎、伦敦……”

妻子看到丈夫面有难色——装作没听见般地继续看报纸（意料之中），故作生气地说：“那要不，就给我买条裙子吧。”

于是，那件早就看中的裙子被买回来了。

这就是利用了人性中固有的对比心。父母觉得与其再生个孩子，不如买个宠物猫更能让他们接受。丈夫觉得与其欧洲游，还不如买条裙子合算。

这种本想要让人答应自己的小要求，却先提出大要求的心理现象，就是利用了人的对比心。

学校的一名学生犯了错误后离家出走，班主任老师和学生家长知道后都急坏了，四处寻找，却找不到。但是，过了几天，正在大家一筹莫展、痛苦不堪的时候，学生自己安全地回来了。班主任和学生的家长反倒不再过多地去追究这名学生之前所犯的错误了。

实际上在这里，离家出走就相当于“拆屋”，是班主任和家长没办法接受的，也是不希望再发生的一种结果；学生之前犯的错误就相当于“开天窗”，虽然原来难以接受，但相对于离家出走就显得可以接受了。

人人都存在对比心。如果最初给出的是一个非常苛刻的要求，然后又提出了一个妥协的要求，即使这个要求也有些苛刻，但是对方会认为这是一个能被接受的要求。

我们想向一个朋友借钱，如果想要借 1 万块，不妨狮子大开口，先对他说，需要借 10 万块钱。一般他会面露难色，会说自己这段时间也不方便、不宽裕，一时拿不出这么多钱来，那我们就可以利用他的比较心，开口说：“哪怕一万块也好呀。”

此时，在他心中，已经有了比较，从 10 万块下降到一万块，感觉上好多了，貌似自己占了便宜，而且已经拒绝了 10 万块的要求，心里有了一定的内疚感，如果一万块都不借，也太说不过去了。于是一万块的预期目标实现了。

美国社会心理学家弗里德曼与弗雷瑟做过这样一个实验：他们让自己的助手到两个普通的居民小区劝说人们在房前竖一块写有“小心驾驶”的大字标语木牌。

在第一个居民区，他们直接向人们提出这个要求，结果遭到很多居民的拒绝，接受的人仅仅只有 17%。

而在第二个居民区，他们先请求居民们在一份赞成安全行驶的请愿书上签字，这是很容易做到的小小要求，几乎所有的被要求者都照办了。他们在几周后再向这些居民提出在自家房前竖立“小心驾驶”标语木牌的要求，这次的接受者竟占被要求者的 55%。

为什么同样都是竖牌的要求，却会有如此截然不同的结果呢？

这是因为当你对别人提出一个貌似“微不足道”的要求时，对方往往很难拒绝，否则，似乎显得“不近人情”。

而一旦接受了这个要求，就仿佛跨进了一道心理门槛，很难抽身后退。当再次向他们提出一个更高的要求时，这个要求就和前一个要求有了继承关系，让这些人容易顺理成章地接受。这种情况下，比乍一上来就提出比较高的要求，要更容易接受。

向人们提出一个微不足道的小要求时，人们轻易就可办到，一般不会拒绝，否则就太不通人情了。

在中学时代，一个男生喜欢上了一个女生，就会找机会向她靠近，比如他会说："我的橡皮丢了，你的橡皮能借我用下吗？"

对于这样一个简单的小要求，通常女生都不会拒绝，也不好意思拒绝。于是，一块橡皮引发的故事拉开帷幕。

过不了多久，男生又说"这道题我不是很理解，你能帮我吗，给我讲解一下？"之后呢，"顺路，我送你回家吧？"……

一段真挚的友谊或者爱情产生了。

有的孩子向妈妈要求，可不可以吃颗糖果。当妈妈答应她的时候，她可能会进一步提出要求，那可不可以喝一小杯果汁呢。妈妈一般是会答应的。

当我们要提出一个比较大的要求时，可以不直接提出，因为这个时候很容易被拒绝。我们可以先提出一个较小的要求，一旦对方答应，再提出那个大的要求，这样被接受的可能性就会增大。

鸟笼效应，让他做你希望的事

在日常生活中，我们在拥有了一件新的物品后，总是倾向于不断地配置与之相适应的物品，以期达到协调。生活中的这种鸟笼效应处处可见。

著名的心理学家詹姆斯和好友物理学家卡尔森，从哈佛大学同时退休，在家过着田园般的悠闲快乐生活。

一天，两人打赌。詹姆斯说："我一定会让你不久就养上一只鸟的。"卡尔森不以为然，倔强地说："我才不呢，我从来就没有想过要养一只鸟。"

过了几天，卡尔森过生日，詹姆斯送上了他的祝贺礼物——一只精致的鸟笼。

卡尔森一眼就看穿了詹姆斯的企图，轻笑着说："我就只当它是一件漂亮的工艺品，你别费劲了。"

从此以后，只要有客人来访，看见那只空荡荡的美丽鸟笼，都会问："教授，您养的鸟怎么死了？"

卡尔森只好一次又一次地解释说："我从来就没有养过鸟。"

然而，这种回答每次换来的都是客人困惑不解、充满质疑的表情。无奈之下，卡尔森教授只好买了一只鸟。

这个鸟笼的主人长期对着这个空空的笼子不感到别扭，但是来访的客人总会惊讶地问这个空鸟笼是怎么回事，奇怪地看它和它的主人。时间长了，这个主人就会忍受不了解释的麻烦，和别人投来的奇异目光。鸟笼会给人造成一种心理上的压力，使他主动买来一只鸟与笼子相配套。

有人送了你一只高档的手表，如果要戴上，就要配以相应的衬衫、西裤、外套、皮带、皮鞋、领带，皮夹子也要换成真皮的，然后眼镜也要换得更像样。使用香水，然后发型也要精心打理，吃饭也必须出入更高级的餐馆，开销越来越大。

有人买到一套新住宅，为了配套，总要大肆装修一番，铺上大理石或木地板，配红木等硬木家具。而出入这样的住宅，自然不能衣衫破旧，要有"拿得出手"的衣服与鞋袜。

有一个女孩子非常懒，平时不注意整理房间，用完东西随手扔，整个屋子里总是乱七八糟。她的男友苦劝不改。

一天，男友送给她一束非常漂亮的鲜花，女孩见了，特别高兴，就千找万找地搜出来了一只晶莹剔透的水晶花瓶来插花。

可是没多久，女孩就发现，花很漂亮，花瓶也美，可是放花瓶的桌子上杂七杂八地散放着许多杂志、报纸、小玩意儿。于是，她开始整理这些杂物，该扔掉的扔掉，该放在精品架上的摆放在架子上。

然后呢，就是沙发、书桌、地板、床上都开始整理得井井有条。房间内看着让人赏心悦目了，卫生间和厨房不能太邋遢了吧。于是整个家都被收拾得整洁、美丽而温馨。

生活中，我们大可以用这种连锁反应，给他一只鸟笼，来迫使他人做我们希望他做的事情。

头羊效应，你只需驱赶那只领头的羊

在羊群中，只要有一个领先者（领头羊）占据了主要的注意力，那么整个羊群就会不断地仿效。重复这个领头羊的一举一动，领头羊到哪里去吃草，其他的羊也到哪里填肚子。这就是羊群效应。所以我们要想控制整个羊群，不用费太大的力气去套牢每一只羊，我们要做的只是驱赶领头的那只羊。

羊群是一种很松散的动物组织，平时一群羊在一起也就是盲目地左冲右撞。但是只要有一只羊动起来，它身边的羊就迅速地动起来，产生连带反应，整个羊群都会不假思索地跟着动起来，全然不顾前面可能有狼或者不远处有更好的草。

法国科学家让亨利·法布尔曾经做过一个毛毛虫实验。

他把几条毛毛虫放在一只花盆的边缘，使它们首尾相接，连成一圈。在花盆的不远处，撒了一些毛毛虫平时最喜欢吃的松叶。

结果，第一只毛毛虫开始动起来，它沿着花盆往前爬，后面的那只也开始跟着它往前爬，紧接着，第三只，第四只，第五只……这几只毛毛虫都采取同样的动作，跟着它前面的那只走。这一走就是七天七夜，饥饿劳累的毛毛虫尽数死去。

由于第一只毛毛虫（领头毛毛虫）没有改变路线，其他的毛毛虫跟从、跟从再跟从，也都没吃到嘴边的松叶。

如果我们想让毛毛虫们吃上松叶，只要逼迫那只领头的毛毛虫改变路线，朝松叶爬去，后面的毛毛虫们自然尾随其后。

动物界如此，在人类的许多组织群体中，也是这般。

从大的方面来说，在这个世界上，存在着许多组织严密，有着共同信仰和利益追求的群体。在这种群体（或者说团体、组织）中，总是存在着一个举足轻重的领袖，他是整个群体的象征和代表，群体内的每一个成员都严格听从他的命令和指示，或者说教导、导引。

这样的群体很多，像一些宗教组织、人权组织、和平组织、帮派团体等。自古以来，让这些群体为自己效力的最好方法，就是和他们的领袖达成某种协议，或者利用其领袖，甚至控制其领袖。有时，消灭其领袖，就能让整个群体遭受重创而分崩离析。

从小的方面来说，比如在一个班级里，就有自然形成的三五成群、七八结伙的小群体，或是出于兴趣爱好，或是意气相投。在这些群体中，总有某个人是大家默许的公认的头儿。

对于班主任老师来说，在管理一个班级时，用敏锐的眼睛，发现这些领头羊，并善于运用，通过导引头儿来管理整个班级，是一种既省力又高效的方式。

像这样没有明文规定和教条约束的松散群体，在社会的任何一个角落都存在着。

比如，在同一个集团、公司或者学校、单位中，人与人之间的关系并不都是完全一样的，总是基于某些因素，构成了一个又一个的小群体。假如群体中的头儿另谋高就，就会带动他的小群体整个跳槽。我们经常能看到这种情况，一个经理被其他公司挖走，他的小团队、合作伙伴和朋友都会跟着他一起走掉。

根据 250 法则，每一个人背后都有 250 个人和他构成一定的关系。我们要做的就是和这个人交上朋友，从而以点带面，逐步和他背后的 250 个人结成关系网。

当我们认识了一个人之后，这个人就可能在各种情况下（有些是偶遇，有些则是故意制造）、各种场合（正式社交场合或者街头、小店），给我们介绍他的朋友，这些朋友也将会成为我们的朋友，正应了一句老话

“朋友的朋友就是你的朋友”。

我们在办事时，运用好头羊效应，就可能影响一个群体。

示弱的力量，同情心引发同理心

每个人的心灵，都有其柔软的地方，再强势的人，也有他人不易察觉的弱点，这就是同情心。同情心是人与生俱来的本性，是人作为群居动物根深蒂固的习性。另外，一个人的同情心在得到满足时，他的自尊心也能够得到满足。所以说，如果能够调动对方的同情心，直击其心灵最薄弱的环节，那么再难解决的问题也会迎刃而解。

很多时候人们示弱并不是因为真的软弱，而是为了以此来激发别人的同情，得到人们的帮助，是人们争取利益的一种方式，也是一种接近他人的做法。

某些艺人为了提高自己的知名度，扩大影响，也往往利用这种伎俩，进行炒作宣传。

有人声称“我少年失父，母兼父职，经历过千辛万苦”，或“我年少母病，靠我一个人来养活一家老小……”，将这类极其悲惨的遭遇在适当的时机向人道出，利用所谓的压迫感，来获得他人的同情，得到他人的帮助。

女性职员在公司最常使用弱者的攻势。当她们失职，遭到批评时，哭泣就是武器，你无法同一个悲伤、哭泣的人争吵。想想你自己在这方面的经历，当自己和你的孩子、妻子争辩一个什么问题时，你立场坚定，理由充分，所有的有利因素都归于你，突然间，他们的眼眶涌出了泪水，一颗颗泪珠从脸颊向下滑落。你会有什么反应？你绝不会想：我要制服他，继续将他逼死。大多数人都开始退却，说：“算了，算了，别哭了，我按照你的意思做就是了。”

请求他人解决问题时，应该调动听者的同情心，使听者从感情上与你产生共鸣。这就为你问题的解决打下了基础。人心都是肉长的，将受害的情况和你内心的痛苦如实地说出来，被请求者是会动心的。

一天，一位老妇人走进律师事务所向正在办公的律师杰克哭诉她的不幸，原来，她是位孤寡老人，丈夫在战争中为国捐躯，她靠抚恤金生活。前不久，抚恤金出纳员勒索她，要她交一笔手续费后才可领取抚恤金，这笔手续费是抚恤金的一半。杰克听后十分气愤，决定免费为这位老妇人打官司。

示弱能使处境不如自己的人心态平衡，善于选择示弱的内容是非常重要的。地位高的人在地位低的人面前不妨展示自己的奋斗过程，表明自己其实是个平凡的人。成功者在别人面前多说自己失败的经历，现实的烦恼，给人一种成功不易的感觉。对眼下经济状况不如自己的人，可以适当诉说自己的苦衷，让对方感到家家都有一本难念的经。某些专业上有一技之长的人，最好宣布自己对其他领域一窍不通，坦言自己日常生活中如何闹过笑话、受过窘迫等，至于那些因为偶然机遇侥幸获得名利的人，更应该直言不讳地承认自己是天上掉馅饼，偶尔的运气好。

示弱不应该只表现在嘴上，有时还要表现在行动上。自己在事业上处于有利地位，获得了一定的成功，在面对某些小利益的时候，即使有条件和别人竞争，也要尽量回避、退让。也就是说，平时小名小利淡泊些，谦让些，因为你的成功或许已经成了某些人嫉妒的目标，不可为一点儿微名小利而惹火烧身，应当分出一部分名利给那些时运不济的人。

可以说，同情心是人类共有的弱点。人们往往对比自己强的人有戒心或竞争心理，而对境遇不如自己的人，却不可避免地报以同情，对他们没有戒备，而且容易被他们的请求打动，满足他们的欲望。街上的那些乞丐，不管是真的乞丐还是假的乞丐，都把自己弄成一副可怜兮兮的样子，不是缺只胳膊就是断条腿，要不就是双目失明，或者遭遇洪灾干旱，反正是能说多可怜就多可怜，似乎世上所有倒霉的事都被他碰上了，他才来当乞丐。很多时候，大家都知道他可能是在编故事，但是就是没办法漠视。乞丐就是因为善于抓住人们的同情心，从而能靠乞讨生存下去，有的乞丐甚至通过乞讨而发了横财。

当我们在需要他人帮助（正当的帮助）的时候，不妨激发对方的同情心来达到自己的目的。

引发好奇，成就强大的影响力

好奇是人类重要的本能之一，人的好奇心是无止境的。这种好奇心即使在很多时候是没有实际意义的，人们也要设法满足。

有没有黑洞存在，对除了天文学家外的几乎所有行业从业者都没有实际影响，然而却有无数的人乐于探讨这个问题。中东的局势与中国老百姓的生活似乎毫不相干，却有那么多的人愿意坐在电视机前津津有味地听评论员讲解。更多的时候我们会看到那些信息饥渴者，每天要花大量时间泡在网上，浏览几乎所有门类的新闻。一旦没有网络，没有电视，没有报纸，他们就显得郁郁寡欢。

假如有人在路边向一只蚂蚁身上吐了一口唾沫，然后蹲下去看蚂蚁如何从他的口水中挣扎出来，不久，准会围一大堆人看。如一个四肢畸形的乞丐，肯定注意他的人比看到美国总统还要兴奋，回头率肯定在百分之几千。这些现象都说明人都有强烈的好奇心。人的好奇心也是推动人类进步的动力之一。如果不是人类解开一个个“为什么？”人类也不会发展到今天。牛顿对“苹果落地”的好奇，发现了万有引力；人类对远方的好奇，使得人类航海，发现了地球是圆的。心中的好奇推动着我们去努力，满足了好奇心以后，我们也增长了知识。我们在与人交往中，如果能够调动他人的好奇心，就能够左右他人的心理，从而能够有效地影响他人。

我们看电视剧的时候，有时候正在紧要关头这一集却完了，我们便还想看下去，下面的结果是什么，那个人死了没有？男主人公和女主人公有没有在一起？这些都吸引着我们继续往下看。

著名的法国农学家安瑞·帕尔曼在一块低产田上栽培土豆，并且安排一支身穿仪仗服装、全副武装的国王卫队来看守这块地。但是他们只是在白天看守，到了晚上，卫队就撤退了。这使得周围的人们特别好奇，是什么东西需要这么谨慎地看守？一定是很好的东西，才会这样被重视，害怕别人偷走。人们这样一想，就猜测种在地里的土豆一定是非常好的东西，于是人们相约晚上的时候偷着去地里挖土豆，种到自己的地里。这样土豆得到了很好的推广，而且人们也发现偷来的土豆确实是一种味美可口而且独特的产品。农学家就是利用了人们好奇的心理，达到了推广土豆的目的。人总是这样，越是不知道的东西，就越是好奇，总是会想方设法去了解，直到得到答案。

就如《圣经》里面的亚当和夏娃。上帝不让他们吃智慧果，可是这样一来反而使他们对智慧果感到了好奇，最后禁不住蛇的诱惑，吃了智慧果。上帝对他们做了惩罚，他们被赶出了伊甸园，过上了艰苦的生活。就如潘多拉的盒子，在古希腊神话中，有一个叫潘多拉的姑娘从万神之神的宙斯手里得到了一个神秘的盒子，宙斯禁止她私自打开盒子。但是在好奇心的驱使下，她将盒子打开了，于是，灾祸由此飞出，遍布人间。

人们渴望揭示未知事物的奥秘，本来一个平常的事物，如果遮遮掩掩，反而会引起人们的注意，非要弄明白才能吃的香睡得着。人们往往会有这样的心理，越是被禁止的，越是被别人专用的东西，就认为肯定是好东西；就是因为好，才舍不得给所有人享用，这样更加促使他花费心思弄到手，如果得到了，就会有一种成就感，会比容易到手的东西更加珍惜；如果得不到，便会哀叹，甚至一生都会为其惋惜。

第 5 章

良好的人际关系，使你的影响面更广

幽默是才华与智慧的闪光，是交际语言的“润滑剂”。它能使语言生辉，使交际气氛轻松活泼。接纳幽默的人，容易喜欢别人；表达幽默的人，容易被他人喜欢。

人际影响法则知多少

在生活中，我们经常会看到有的人总能获得众人的关注和尊重，有的人却被忽视和冷落；有的人能够一呼百应，应者云集，有的人却郁郁寡欢、形单影只。这是为什么呢？在很多人看来，卓越人士的成功似乎是奇迹。但仔细研究，就会发现所谓的“奇迹”之所以会在他们身上发生，是因为他们拥有一个共同的特点——影响力。正是影响力法则这个社交利器帮助他们在人际关系中无往不利。

所谓人际影响，是人与人之间建立感情关系的第一步。如果一个人毫无影响别人之处，就不能引起别人的注意；如果两人之间不能彼此影响，也建立不起亲密的感情关系。所谓人际影响，也称人际魅力，是指人与人之间彼此注意、欣赏、倾慕等现象。根据心理学家的研究，人际影响现象会不会出现，通常会受到以下几个因素的制约。

1.接近并彼此接纳

由于人与人之间在活动空间内彼此接近，因而有助于人际关系的建立，这是一种最自然的现象。同学、邻居、同车、同路等，都是使人接近的机会。当然，空间上彼此接近，未必一定彼此影响，只能说“近水楼台先得月”，不能说近水楼台“必”得月。芸芸众生，彼此影响的往往只是少数。在接近的条件下要想进一步与他人建立良好的人际关系，彼此接纳，无疑是另一个重要因素。所谓接纳，是指接纳对方的态度与意见，接纳对方的观念与思想；对他的为人处世的方式，不但感兴趣，而且表示适度的赞许。只有在接近的条件上彼此接纳，才会继续来往沟通；有沟通，才会彼此相知；彼此相知，才会成为心意相契的金兰之交。

2.相似或互补

套用两句成语：“惺惺相惜”与“刚柔相济”，前者指才智相似的人会彼此爱怜，后者指两个性情不同的人，却能和谐相处。从心理学的观点看，相似有助于相交，一方面，具有相似兴趣与态度者，多趋于参加同类活动，增加了相识相交的机会；另一方面，年龄、学历、兴趣、信仰等各方面相似者交往时，彼此间的意见容易沟通，容易引起共鸣。至于互补性也构成人际影响，除两性之间的自然互补之外，在个人兴趣、专业、特殊才能等方面，一般人大都有希望自己所缺者由别人补足的心理倾向。

3.性格与能力

在人际交往中，性格与能力是引人注意与令人欣赏的重要条件。很多人可能都曾经历过，而且也会同意，一个人如果具有诚恳、坦率、幽默等性格，在人群中比较能够吸引大家的注意，也容易获得大家的赞赏。至于说到能力，一般认为能力越高，成就越大，他获得的评价自然也就越好。不过，根据心理学家研究发现，最被人欣赏的，并不是全能的人，而是精明中带有缺点的人。

4.仪表

一个人的容貌、穿戴、风度等仪表因素，也会影响到人们彼此的吸引力。特别是在初次见面时，容貌因素有重要作用。在人群中，容貌好坏与是否受人喜欢也确有相当的关系。但从长远来看，容貌所产生的人际影响是比较有限的——人际交往的时间越长，容貌因素的作用越小，人际影响力将从外貌转向内在品质。

那么，日常生活中，什么样的人不容易对他人产生强大的影响力呢？归纳起来，大致有以下几种。

(1) 不尊重他人的人格，对他人缺乏热情，不关心他人的悲欢离合，甚至把别人当作自己使唤的工具。

(2) 有“自我中心主义”的人，只关心自己的利益和兴趣，忽视他人的处境和利益，只能与他人建立肤浅的关系，而不可能患难与共，成为知己。

(3) 对人不真诚，以获得为前提和别人交往。人们不喜欢夸夸其谈、表面真诚实则势利的人，更提防损人利己之辈。

(4) 过分服从并取悦别人的人，过分惧怕权威而又不关心他的属下的人。

(5) 过分依赖他人而又丧失自尊心的人。因为暂时困难而不得不求助于人，这是人之常情，但如果寄人篱下、不思进取，就会被人耻笑。如果事事依赖别人，自己不能自立，则充分暴露了你一无所长、窝窝囊囊。

(6) 反抗性和妒忌心强的人。动不动就和人吵闹、冲突，只会把已有的朋友赶跑，更不用说影响对方了。见不得别人比自己强，心存妒忌，猜疑不定，在感情上使人反感。

(7) 猜疑性格的人。怀有偏激、敌对情绪的人，往往容易使自己与他人的关系陷入僵局。

(8) 过分自卑、缺乏自信心的人，或过分自夸的人。人贵有自知之明，一般交往也好，做事也好，应不卑不亢，从容镇静。

(9) 郁郁寡欢、不喜欢与他人交往的人。

(10) 怀有偏见、固执、不愿意接受别人规劝的人，防范心强的人，报复心强的人。

培养主动意识，积极提升人际影响力

培养“主动”意识，是打造人际影响力的关键。简单地说，就是要主动营造一个适于影响别人的、适于成功的人际气场。我们与同事、上级以及员工的关系是我们事业成败的关键因素之一。一个没有良好人际关系的人，即使再有知识和技能，也可能得不到充分施展的空间。一个不懂得主动培养人际影响力的人，任凭他旷日持久地守株待兔也不会有人际关系主动找上门。

甲对乙说：“我申请了两份工作，我比较喜欢那份竞争激烈的工作，但很多人也都在争取那份工作。我现在只好选择等待，如果那家公司不录用我，我就到另一家公司去报到了。”乙听完后，满脸惊诧地问：“既然你很喜欢第一份工作，为什么你这么被动，只知道等待而不去主动争取呢？你要明白，被动就等于弃权，不作决定也是一种决定。”

李开复曾这样指出，每一件发生在你身上的事都应该是因你的决定而发展、变化的，而不应该是因为你无所作为才变成现实的。不要让事情找上你，你应主动对事情施加影响。人际关系中的情况也是如此。要想做一块真正吸引人的“磁石”，你就必须培养自己的“主动”意识。如果你还是躲在角落里不被人注意的丑小鸭，那就使用这种方法来让自己变成一只引人注目的闪亮大天鹅吧！

京城“火花”首富吕春穆就是很好的例子。他原是北京一所小学的美术教师。一天他在杂志上看到有人利用收集到的火柴商标引发学生们学习兴趣和创作灵感的报道，他决定收集火花。于是，他开展了广泛的交流活动。他首先油印了 200 多封言辞中肯、情真意切的短信发到各地火柴厂家，不久就收到六七十个火柴厂的回信，并有了几百枚各式各样的精美的火花。

此后，他主动走出去以“花”为媒，以“花”会友。1980 年，他结识了在新华社工作的一位“花友”。这位热心的花友一次就送给他 20 多套火花，还给他提供信息，建议他向江苏常州一花友索购一本花友们自编的《火花爱好者通讯录》，由此他欣喜地结识了国内 100 多位未曾谋面的花友。他与各地花友交换藏品，互通有无；他利用寒暑假，遍访各地藏花已久的花友，还通过各种途径与海外的集花爱好者建立起联系。就这样，在广泛交往中他得到了无穷无尽的乐趣和享受，为他成名创造了机会。

他先后在报刊上发表了几十篇有关火花知识的文章，还成为《北京晚报》“谐趣园”的撰稿人。他的火花藏品得到了国际火花收藏界的承认，并跻身于国际性的火花收藏组织的行列。

1991 年他的几百枚火花精品参加了在广州举办的“中华百绝博览会”……他以 14 年的收藏历史和 20 万枚的火花藏品，被誉为“火花大王”而名震京城、独领风骚。

不难看出，吕春穆的成功得益于交际。他以“花”为媒，积极主动地提升自己的人际影响力，结识到一些朋友，然后又通过朋友再认识新的朋友，一直把关系建立到全球。也正因为如此，机遇一次次地降临到他的头上，使他走向了成功。事实一再证明，人们的机遇的多少与其人际影响力和交际活动范围的大小几乎是成正比的。因此，我们应培养“主动”意识，把开展人脉活动与捕捉机遇联系起来，充分发挥自己的交际能力，不断扩大人脉网，发现并抓住难得的发展机遇，进而拥抱成功！

同理心是人际关系更上层楼的良方

无论是怎样的人际关系，同理心都是让它更上层楼的良方。所谓“同理心”，是指在人际交往过程中，能够体会他人的情绪和想法，理解他人的立场和感受，并站在他人的角度思考和处理问题的能力。简单地说，同理心即站在对方立场思考的一种方式。

在已发生的事件上，把自己当成是别人，想象自己因为什么心理表现出这种行为，从而引起这个事件。因为自己已经接纳了这种心理，所以也就接纳了别人这种心理，以至谅解这行为和事件的发生。

同理心是人世间最欠缺的人格特质之一，更是解决问题、偏见、矛盾与冲突的最佳策略。尤其是对于积怨已久或冲突白热化的情形来说，同理心非常重要。你是否亲眼看见过这样的争吵：双方互不相让，谁也不愿意、也没有能力站在对方的角度来看待问题？真是太痛苦了！假如人人都有同理心，那么，各种争吵、矛盾、冲突，甚至是混战将会销声匿迹。

就算是自己的看法与众不同时，也不能判定对方的一定是错；尝试反复地思考，认真从其他角度去看，针对事而不是针对人，便会发现自己先前的判断不一定完全正确。因为事情发生在“我”身上（主观）跟发生在

“你”/“他”/“她”/“它”身上（客观），区别非常大。别人的想法和行为总有他的缘由。有时候可能衡量过对人/事的影响，尽量接受/谅解别人的处事方式、作风和行动之后，调节一下自我的反应，便是“同理”的表现。就算因此而改变原本的做法或者打消初衷，并不代表被同化，而是体谅和尊重。

同理心不但有助于解决问题，它也能纾解心情。研究显示，富有同理心的人对自己的生活较为满意，他们健康、有创意，但不固执。虽然同理心有诸多益处，但它面临的阻力也不少。一些人认为，为体恤别人而认同他人，这是弱者的行为。然而，对任何人而言，这都是最好的出路。当一个人感到自己被理解，当他体会到我们认同他的观点、要求或是其他什么东西的时候，他就可能改变态度。如此一来，潜在的诸多纷争就可以避免。

前段时间，我一边听着悠扬的 CD，一边开着车，为了躲让一个冷不防冲出来的小女孩过马路，我急忙踩下刹车。这样做的后果就是紧随我的那部帕萨特车子追尾了。我们都下了车，越走越近。我看到帕萨特车主一副怒发冲冠的神情。尽管他还没说话，但我感觉得到，他浑身进入了一级警戒状态。

然而，各自检查过车子之后都没有发现严重的损伤，所以我先开口。我其实原本可以说：“不是我的错啊。”这是事实，但我转念一想，这句话就算不造成伤害，也是于事无补的。因此，我改口说道：“先生，真是不好意思。我开得很快，又毫无征兆地来了个紧急刹车，您一定没料到。非常抱歉。您没受到什么惊吓吧？”

那人闻听我的这一番话后，态度立刻变了。他脸部的线条舒缓了，虽然细微到几乎察觉不到。电光石火之间，他卸下了怨愤的情绪。我在他眼中看到了惊诧。大概是我对他的关心胜过对车子的关心吧。接着，我看到他松了一口气：没必要大动干戈，是的，没必要。最后，他和我握握手就驱车而去了。我承认，要是我的汽车有损伤，我的同理心可能会减少几分。总而言之，一场原本可能剑拔弩张的争端在短短几分钟之内就随风而去了。

事实证明，同理心可以带来舒缓和满足，而且它随时随地都在那里，只要我们想抱持同理心，我们就能够信手可得。

我们必须知道的是，在人际交往过程中，只有拥有同理心，亲密关系才得以建立；反之，传送与接收同理心的神经线路会短路。直到某天，当一个人发现世界是不断地亏待自己，对自己的感觉不闻不问时，他将不再努力与尝试跟其他人建立关系，并关闭自己的同理心。不难想象，其后果将是他开始去伤害别人，以愤怒或暴力作为情绪的宣泄口。而不曾接受过同理心之人，也对同理心毫无记忆可言。

所以，我们要对他人表达同理心，必须以“理解”为核心，拒绝“同情”，并且要抛开对他人的成见与判断，在理解他人的过程中，拒绝速成的答案。不妨以下面的陈述作为参考，衡量一下自己在同理心方面应作出哪些必要的改变。

(1) 我怎么对待别人，别人就怎么对待我。

(2) 想他人理解我，就要首先理解他人。将心比心，才会被人理解。

(3) 别人眼中的自己，才是真正存在的自己。学会以别人的角度看问题，并据此提升自己在他们眼中的形象。

(4) 只能修正自己，不能修正别人。想成功地与人相处，让别人尊重自己的想法，唯有先改变自己。

(5) 真诚坦白的人，才是值得信任的人。

(6) 真情流露的人，才能得到真情回报。

检讨自己的行为以增加交友的砝码

每个人从婴儿到少年，由少年到青年、壮年、老年，都处在社会的联系之网中。有很多事情必须求助于他人才能得以完成，或与他人合作来完成。单枪匹马是很难做出什么大成就的。所以，学会待人接物、结交朋友，尤其是结交朋友的方法至关重要。这样有助于我们在成功的路上尽快尽早地到达预定的目标。

当你遇到困难时，通常会想到朋友，需要朋友帮助。朋友常常会在有形或无形之中将希望、鼓励、辅助，投入你的意识里，激活精神世界，使你的各种能力趋于锐利。

试想一下，你如果一个朋友也没有，遇到困难想找人帮忙时，却不知道该向哪个人开口，这样的情形会比你遇到的困难更大，对你的打击也更大。特别是你在创业中，或是事业正处于成功的前夕，遇到了困难或是意外的事，已远远超出你的能力范围，你面临的或是不能继续创业，或是已付出精力、财力的事业将半途而废。这时，如果有朋友帮你一把，你就可能获得成功。

张海利下海经商，把小小的万金油生意做活做大做强，得益于她自己从无到有建立起来的关系。

一次，张海利再次出征东南亚。雅加达一个华人医生请张海利参加生日聚会。宴会上，张海利认识了被当地华侨称作“丝绸陈”的陈·约翰，便虚心向他请教。陈听完张海利的情况后，说：“利润小不应该是主要问题，关键看需求量。目前当地用的大多是台湾、香港地区的清凉油，中国大陆的清凉油还没有打进来。从整体上看，你的产品在价格上占有绝对优势，这就决定了产品可以进入平民阶层，而他们正是消费清凉油最主要的人群。我相信，你应该能创造奇迹——一个把世界上利润最少的产品做出最高效益的奇迹！”

第二天，陈先生专门为张海利请来 4 位当地有名的药商，他们联合起来向张海利要了一个货柜的清凉油。这笔生意是张海利日后成功的奠基之作，也让张海利更加深切地体会到：任何一种产品要在一个陌生的国度里打开市场，必须借助当地商界名流的“肩膀”。

成功的人们大多交际广泛，有自己的“关系网”。外国的成功学者有“友谊网”之说，并认为，喜欢别人，又能让别人喜欢的人，才是世界上最成功的人。毫无疑问，在与人相处过程中，让对方感觉到你值得成为他的朋友是至关重要的。在此，你可以按照以下原则来检讨自己的行为，增添你的交友砝码。

（1）不刻意隐藏缺点，要知道，隐藏缺点有时会“欲盖弥彰”。

（2）知之为知之，不知为不知，是为知也。

（3）放慢说话的速度，给人留下稳重诚实的好印象。

（4）对有信心的事，越小声叙述越会显得有分量。

（5）果断地表达你的观点。

（6）打电话给别人时，先问一句：“你现在有空吗？”

（7）提前10分钟到达约会的地方。

（8）只借一二十元也如期偿还，提高别人对你的信任感。

（9）直截了当地承认过错，表现出自己的坦诚。

（10）与其辩护，不如弥补。

（11）一句“像我这样的人”，往往能消除别人对我们的不信任感。

（12）复述对方的问题足以表现自己对这件事情的认真态度。

（13）积极响应对方的话题。

（14）“请你听我说”听起来比“我要告诉你”谦虚得多。

（15）满足对方不经意间流露出的愿望。

（16）从容不迫地道别。

（17）倾听失意者说话，可以获得对方的信任感。

（18）对不在场的第三者表示关心，可以加强对方对我们的好印象。

（19）在实际行动上关心女性。

（20）身体姿态，反映品行。

再者，能帮助你的贵人，有很多是由朋友转化过来的。因此有必要把朋友分类。对感情丰富者可能比较难，因为他们往往在对方尚未把他当朋友时，已投入感情，而且他也会觉得把朋友分类不太适宜。不过，任何事情都要经过学习，慢慢培养这种习惯，上升到高度理性的阶段，自然热情冷却，不用人提醒，也会把朋友分类了。

你可以按性情品质给自己的朋友分类

(1) 活泼天真型。这类人思想活跃，兴趣广泛，说话不拘束，易受别人的影响和支配。

(2) 机敏潇洒型。这类人反应敏捷，言辞周全，善于同各类型的人周旋。

(3) 温和稳重型。这类人处世谨慎，言辞委婉。

(4) 轻佻浮夸型。这类人夸夸其谈，举止轻浮，好表现自己，交谈中喜欢打断别人。

(5) 虚伪矫饰型。这类人工于心计，热情有余而真诚不足。

(6) 刻薄势利型。这类人见风使舵，喜欢在背后议论别人。

(7) 古怪孤僻型。这类人反应迟钝，不善于交往，很少对人倾吐真情。

进行这样的分类，可以有方向地交友，在一定程度上你能以小的投入换来大的回报。

谈吐幽默，为你的人际魅力值加分

幽默是才华与智慧的闪光，是交际语言的“润滑剂”。它能使语言生辉，使交际气氛轻松活泼。接纳幽默的人，容易喜欢别人；表达幽默的人，容易被人喜欢。因此，我们应该学会运用幽默的力量，为自己的人际魅力值加分。

具体来说，幽默在人际交往中大致有以下几点好处。

1.缓解情绪，化解尴尬

例如，世界幽默大师萧伯纳在街上被一个骑自行车的人撞倒了，肇事者吓得不得了，连忙向萧翁道歉，萧翁却对他说：“先生，你比我更不幸，要是你再加点劲，那就可作为撞死萧伯纳的好汉而永远名垂史册啦。”

2.巧对蛮横，讥讽有力

德国大诗人歌德有一天在公园里散步，正巧在一条狭窄的小径上碰上一位反对他的批评家。这位傲慢无礼的批评家对歌德说：“你知道吗，我这个人从来是不给傻瓜让路的。”机智敏捷的歌德却回答他说：“而我恰恰相反。”说完便闪身让批评家过去。

3.保持和睦，增强自信

幽默的人易与人保持和睦的关系。现实生活中不乏四处求告仍然得不到解决的问题，但是，如果你说话幽默，问题往往会迎刃而解，使同事之间、夫妻之间化尽释前嫌相处愉快。幽默还能增强成功的信心，信心有时比能力更重要。生活的艰难曲折极易使人丧失自信，放弃目标。若以幽默对待挫折则往往能够重新扬起生活的风帆。

除此之外，幽默还有消除疲劳和医疗的作用。比如，在登山旅游或长途跋涉中感到筋疲力尽、情绪低落时，说上几句幽默风趣的笑话，顿时便会使人感到轻松愉快，忘记疲倦。患精神忧郁症的人经常听听笑话，自会痊愈。所谓“笑一笑，十年少”、“一个丑角进城，赶上十个医生”的说法并不夸张。

在人际交往过程中，培养和提高幽默心理能力非常重要。那么，如何才能让自己的幽默细胞多起来呢？下面是奥格·曼狄诺提供给我们的一些良策。

1.仔细观察生活

观察生活，寻找喜剧素材，需要我们善于变换视角，去发掘这些素材。

2.学习幽默技巧

幽默不是天生就会的，是靠后天学习掌握的。许多关于幽默的书籍和先人的经验，都为我们提供了不少范例，值得我们广泛涉猎、借鉴之用。

3.敢于表达幽默

幽默能力只有在表达幽默的过程中才能得到检验和提高，因而积极实践至为重要。选择适当的场合，针对适当的对象，都可显示自己学习的幽默技巧。

在奥格·曼狄诺看来，真正的幽默是一门学问，而不仅仅是引人发笑。幽默需要具备一些素质和特征。幽默的前提是谐趣，当然有滑稽的因素，我们能认识到的一切似乎是一种突然的顿悟，是一种愉快感和包含笑的行为的具体感受。它能将现实生活的丰富经验，敏锐的洞察力，广阔的知识融合起来揭示出现实生活中的特殊矛盾。有些自以为幽默的人常将别人作为笑料，哗众取宠，结果往往适得其反，真正的幽默是尊重人、赞美人，将严肃的人生哲理寓于滑稽与微笑之中。

幽默的人注意有趣的事物，懂得幽默的场合，善于因人、因事不同而开不同的玩笑，能令人耳目一新。但是幽默也要适当才行。一味开不着边际的现笑，说有损他人自尊心的笑话，对维护人际关系是极不利的。我们要谨防踏入幽默的误区。

(1) 不要拿他人身体上的缺陷来取乐。这会大大地伤害到对方的自尊心，也会影响你们的关系。这样你很容易被他列入黑名单。

(2) 不要和对方过分以吹嘘式的幽默沟通。当你以为自己很幽默，但有可能他人觉得你是在自吹自擂，进而觉得你是个轻浮之人。毕竟人们对幽默的理解与接受程度是不同的。

(3) 不要和对方一直开玩笑，而忽略了谈话的主题和对方的感受。开玩笑虽然能让你更有魅力，但也要懂得察言观色，并学会适可而止。有时候，轻松的氛围太多反而会让他人对你没有信任感，觉得你是个不可靠、不认真的人。

测一测：你的影响力指数

只要是身心健康的人，相信没有谁会不希望自己成为人群中最有影响力的人，让自己拥有一种强大的影响力。下面的心理测验，即是透过你的潜意识中的欲望，测出你对周围人的人际影响力指数究竟如何。

请你根据自己的实际情况，对其中的每个问题作出回答。符合你实际情况的请在该问题后面选择“是”，不符合的选择“否”。不用太多的考虑，现在就开始吧。

(1) 你平时是否关心自己的人际关系？ [是　否]

(2) 在食堂（或餐厅、公寓等）里，你一般都是独自就餐吗？ [是　否]

(3) 和一大群人在一起时，你是否会产生孤独感或失落感？ [是　否]

(4) 你是否经常不经同意就使用他人的东西？ [是　否]

(5) 当一件事没做好时，你是否埋怨合作者？ [是　否]

(6) 当你的朋友有困难时，你是否发现他们不打算来求助你？ [是　否]

(7) 假如朋友们跟你开玩笑过了头，你会不会板起面孔？ [是　否]

(8) 在公共场合，你有把鞋子脱掉的习惯吗？ [是　否]

(9) 你认为在任何场合下都应该不隐瞒自己的观点吗？ [是　否]

(10) 当你的同事、同学或朋友取得成功时，你是否真的为他们高兴？ [是　否]

(11) 你喜欢拿别人开玩笑吗？ [是　否]

(12) 和自己兴趣爱好不同的人在一起，你会感到兴味索然无话可谈吗？ [是　否]

(13) 当你住在楼上时，你会往楼下倒水或丢纸屑吗？ [是　否]

(14) 你经常指出别人的不足，要求他们去改进吗？ [是　否]

(15) 当别人在融洽地交谈时，你会贸然地打断他们吗？ [是　否]

(16) 你是否关心并常常谈论别人的私事？ [是　否]

(17) 你善于和老年人谈他们关心的问题吗？ [是　否]

(18) 你讲话时经常出现一些不文明的口头语吗？ [是　否]

(19) 你是否时常会做出一些言而无信的事？ [是　否]

(20) 当有人与你交谈时，你是否觉得很难聚精会神地听下去？ [是　否]

(21) 当你处于新的集体中时，你会觉得交新朋友是一件很容易的事吗？ [是　否]

(22) 你是一个愿意慷慨地招待你的同伴的人吗？ [是　否]

(23) 你会向别人袒露自己的抱负、挫折以及个人的种种事情吗？ [是　否]

(24) 告诉别人一件事情时，你是否把事情的细节都交代得很清楚？ [是　否]

(25) 遇到不顺心的事，你会意志消沉，把气出在亲朋好友身上吗？ [是　否]

(26) 你是否经常不假思索地随便发表意见？ [是　否]

(27) 你是否注意到赴约前不吃大葱、大蒜以及防止身带酒气呢？ [是　否]

(28) 你是否经常发牢骚？ [是　否]

(29) 在公共场合，你会很随便地喊别人的绰号吗？ [是　否]

(30) 你关心报纸、电视等信息渠道中的社会新闻吗？ [是　否]

(31) 自己无意中做错了事或损害了别人时，你会很快地承认并表示歉意吗？ [是　否]

(32) 闲暇时，你是否喜欢跟人聊聊天？ [是　否]

(33) 你跟别人约会时，是否常常让别人等你？ [是　否]

(34) 你是否有时会与别人谈论些自己感兴趣而他人不感兴趣的话题？ [是　否]

(35) 你会把小孩逗乐吗？ [是　否]

(36) 你平时告诫自己不要说虚情假意的话吗？ [是　否]

计分与评价

请把上述各题你选择的答案与下面的答案逐个对照。

（1）是、（2）否、（3）否、（4）否、（5）否、（6）否、（7）否、（8）否、（9）否、（10）是、（11）否、（12）是、（13）否、（14）否、（15）否、（16）否、（17）是、（18）否、（19）否、（20）否、（21）是、（22）是、（23）是、（24）否、（25）否、（26）否、（27）是、（28）否、（29）否、（30）是、（31）是、（32）是、（33）否、（34）否、（35）是、（36）是

如果哪个问题你的答案与上面给出的答案相同，就得 1 分，如果不相同，就不得分。然后把全部得分加起来。得分越高，表明你的人际关系越好。最高得分为 36 分。如果你的得分在 30 分以上，说明你的人际关系很好；如果你的得分在 25~29 分之间，你的人际关系也较好；如果你的得分在 19~24 分之间，你的人际关系一般；如果你的得分在 15~18 分，说明你的人际关系较差；如果你的得分在 15 分以下，就是人际关系很差了。

人际关系是可以慢慢改善的。如果你的人际关系欠佳，朝积极的方向改进就是了。只要努力改进，你一样可以拥有好的人际关系，从而提升你的影响力。

工作篇

第 6 章
积极影响你的上司，成为他身边的“大红人”

人类有对抗权力的本能，这是潜意识的畏惧所产生的对抗行为。然而，一个员工如果与公司方面一贯持相反意见，就永远无法与公司高层保持一致、合作默契，因而也就不会得到重用。

维护上司的尊严是影响上司的第一步

上司也是普通人，他在个人生活、生理、婚姻、感情、子女教育等问题上也可能有难言之隐，作为下属，照顾好上司的尊严是影响上司的第一步。这不仅是对上司名誉的一种维护，更是对上司人格的一种尊重。况且大多数情况下，上司都很爱面子，很在乎下属的态度，以此作为考验下属对自己尊重不尊重、好不好领导的一个重要指标。

一般来讲，上司的面子在下列几种情况下最容易受到伤害，必须多加注意。

1.在公众场合指出领导的失误

有些人心直口快，肚子里藏不住话，发现上司的疏漏就沉不住气。某公司召开年终总结大会，主任讲话时出了个错。他说："今年本公司的合作单位进一步增多，到现在已发展到46个。"话音未落，一个下属站起来，冲着台上正讲得眉飞色舞的主任高声纠正道："讲错了！讲错了！那是年初的数字，现在已达到63个了。"结果全场哗然，主任羞得面红耳赤，情绪顿时低落下来，他的权威被这一句突如其来的话击得支离破碎。

聪明的下属向上司提建议时，应该表现出你只是在提醒他"他本来就知道，不过偶然忘掉"的事情，而不是某种要靠你去指点他才能明白的事。

2.领导至上的规矩受到侵犯

在公开或正式场合，一般的上司都喜欢下属恭维自己，讨厌下属抢镜头、抢次序。尤其是一些上司平时与下属距离过近，界线不分明，平常嘻嘻哈哈，随随便便，甚至称兄道弟，把下属惯坏了，下属心目中的领导意识淡薄了，一遇正规场合就可能伤害到上司的尊严。在一次外调时，某单位设宴款待李主任和他的一个下属，就座时年轻的下属小黄也没考虑就抢先一步坐到主任的位置上大吃大喝，李主任只好坐在一旁，心里很恼火，事后狠狠把小黄批评了一顿，说他是个饭桶，只知吃喝，目无领导。从此以后，李主任凡是外出再也不带小黄同去。

3.在别人面前与上司显得亲近和随便

“王局长家真是富丽堂皇，光是灯具就不下 20 种。”老赵眉飞色舞地在办公室里说。

“你去过王局长家了？”同事们问。

“怎么没有！去过好几次了。”老赵一脸的得意。

有几个同事却在暗暗摇头。因为他们知道，老赵与王局长并没有特殊的私人关系，老赵不过是在偶然的机会中获悉王局长住所地址，便贸然造访，是不会有什么好结果的。

果然，没多久，从某个渠道传来了王局长对老赵的评价：“这个人很讨厌。”

4.领导理亏或有非分举动，不给他台阶下

比如女员工会遇到老板不怀好意的骚扰。即使到了这个程度，也还是要注意给对方留个台阶，你可以这样说：“想不到您真会演戏，我知道您是和我开玩笑，但我才不会相信呢！因为大家都知道您是一个人格高尚的人，我们都很尊重您。”

此时，相信你的上司一定会忙不迭地收回他的话，并说：“哈哈！你真不愧是个有眼光的人，我刚才是跟你开玩笑的，我想试试你是不是值得信任。现在我知道了你的心，我就放心了。刚才我说过的，希望你当作没听见一样。同时，你一定要注意，咱们公司有这么几个人，心术极其不正，要防备别上当！”

上司一定会以这样的理由打圆场，并且，他也不敢再越雷池一步。因此，你不是可以自保了吗？

5.不顾忌上司的面子

面子和尊严之所以如此重要，根本原因在于他们与上司的能力、水平、权威性密切挂钩。一位牌技不高的科长在同下属打麻将时，常因输得一败涂地而对玩牌的人破口大骂，很明显地暴露出对下属不“手下留情”的不满。

6.私底下发泄对上司的不满

有些人对上司不满，虽不当面发泄，却在背后乱嘀咕，有意诋毁上司的名誉，揭上司的家底，殊不知“纸里藏不住火”，没有不透风的墙，被上司知道后果可想而知。

得罪上司和得罪同事、朋友不一样，是不能不小心避免的。作为下属，你就应该了解哪些地方的土是“太岁”头上的。你若不懂规矩，轻者被上司批评，遇上素质不高、心胸狭窄的人，更会暗地里给你穿小鞋，甚至长时间被打入“冷宫”，永不升职。须知“胳膊拧不过大腿”，“身在屋檐下，不得不低头”。如果不长些眼色，非要“太岁头上动土”，那保证你会“吃不了兜着走”。

作为下属，如何影响上司你不可不知。上司是你身边最好的资源，他可以帮助你实现你的目标，包括晋升、加薪、提高福利待遇等，这些你都是可以做到的，重要的是你如何与他们相处，如何巧妙地影响他们。

把功劳让给上司也是功劳

中国人在讲自己的成绩时，往往会先说一段套话：我能有这样的成就，全赖领导有方和同志们的帮助。这种套话显然乏味得很，却有很大的妙用：显得你谦虚恭敬，从而减少他人的忌恨。要是你有远大的抱负，就不要斤斤计较成绩的取得你投入多少精力，而应大大方方地把功劳让给身边的人，特别是你的上司。这样，上司脸上也光彩，他对你一定充满感激，以后，上司少不了给你更多晋升加薪的机会。否则，急功近利，则会得罪身边的人，将来一定会吃亏。

在让出功劳时要注意以下两点：

1.功劳要让得诚恳

既然你决定让出功劳，就绝不可表现出一副心不甘、情不愿的样子，而要痛痛快快、直直爽爽。

2.让功一事绝不可张扬

如果你不能做到这一点，倒还不如不让功的好。对于让功的事，让功者本人是不适合宣传的，自我宣传总有些邀功请赏、不尊重上司的味道，这是万万不可的。宣传你让功的事，只能由被让者来宣传。虽然这样做有点埋没了你的才华，但你的同事和上司只要一有机会便会设法还给你这笔人情债，给你一份奖励。

好的东西，每个人都喜欢；愈是好吃的东西，愈舍不得让给别人，乃人之常情。没有人喜欢吃剩下来的东西，也没有人喜欢吃最不好吃的东西。

你只要观察小孩子吃东西的情形，就会明白。只要妈妈端出来好吃的菜，他会很快吃掉，这是常见也是可喜的现象。

然而，你已不是小孩，已经了解“忍耐”这句话的真义。

好吃的“菜”应该让上司“吃”，即使自己垂涎三尺，也要对上司说：“您先尝尝!”

虽说如此，但针对的并不是指吃东西，而是指工作上的利益。

就是说，如果有某项成果，你要把功劳让给上司。

也许你会说：“我自己费了很大力气，花了无数时间，何必让给上司呢？”是的，谁又愿意把自己辛辛苦苦赚来的功劳拱手让给别人呢？但是，在必要的时候，你必须这么做，这才是真正重要的事。

如果你真的有能力去完成一件事，那么，你立功的机会还很多。如果你能克制自己不肯让功的情绪，而将功劳让给上司，于你无害有利，你只要在下次，再次立功即可。在这大多数的人都不肯把功劳让给别人的社会里，如果有人肯大方利落地把功劳让给别人，而受到礼让的人一定会吃惊，他们会觉得“真的吗？”等到上司了解事实真相后，一定会感激你，对你产生好感。

对上司，应表现出真诚礼让，这极其重要。如果只会打眼前的算盘，短视近利，一定会吃亏。

若遇到你礼让的上司，他心中可能会产生“我欠了人家一份人情债”的感觉。所以，他一定无法释怀，而会这样想：“他很体谅我，所以才会把功劳让给我，这个人真了不起!”并对你产生好感。

总有一天，上司会设法还给你这笔人情债，同时也会给你再次建功的机会，这对你来说，并不吃亏。

但是，有一件事你必须注意，那就是你把功劳让给上司的事，绝不可对外宣传。如果你不能遵守此戒律，那你最好不要让。你让功的事，要由被让者来宣布，而不是你。虽然这样做不能扩大你已建立的功劳，但你的确可以收到一些奖励——即使这种代价较小。

把功劳让给上司，是为了将来在工作上获得上司的帮助，当然，你不可以只打功利上的算盘，在组织上，为使一项工作准确无误地完成，并不单靠一个人的力量就办得成，而是要借助众人的力量，共同作用。尤其是上司的帮助，或适当的指示更为重要。为了这种重要性，你应把自己不想让的功劳让给上司，倘若能因此而使上司成为你的朋友，将来你所立的功劳会更大。届时，你可能得到上司的祝福与更多的奖励。

将好的东西先让给上司，相信有机会，上司一定会回报你。

如果在实际上你并没有得到上司的回报，但以长远的眼光来看，上司对你所怀的善意，于你也是很有利的。不过，千万不要宣扬你让出功劳，否则你的善意将化为零。

被别人比下去是很令人恼恨的事情，所以你的上司被你超过，这对你来说不仅是蠢事，甚至会产生致命后果。

做下属的，最忌讳自表其功，自矜其能，凡是这种人，十个有九个要遭到猜忌而没有好下场。当年刘邦问韩信：“你看我能带多少兵？”韩信说：“陛下带兵最多也不能超过10万。”刘邦又问：“那么你呢？”韩信说：“多多益善。”这样的回答，刘邦怎能不耿耿于怀!

喜好虚荣，爱听奉承，这是人性的弱点，作为手握实权的上司也不例外。

自以为有功便忘了上司，总是讨人嫌的，特别容易招惹上司的忌恨。把自己的功劳全数收入腰包虽说合理，但终究是很危险的事情。

立了功，其实是很危险的事情。上司给你安个“居功自傲”的罪名把你灭了，你不了解这种孤立无援的后果是不能自保的。把功劳让给上司，是明智的捧场、稳妥的自保，如此这般，你也就在无形之中影响了你的上司。

赢得上司的好感，投其所好影响他

如果上司对一个下属有好感的话，那就等于该下属有了升职的基本条件。

人与人之间的关系十分微妙。有时候，与对方攀谈不到 10 分钟，就会对对方产生好感。否则，就不会有相见恨晚这样的事情了。与“一见钟情”相比，“日久生情”这种情况发生的概率更高，是人们之间能够建立良好关系的一种普遍方式。而且，通过这种方式建立起来的感情，更加深厚，也更加持久。无论通过哪种方式，只要能够使上司对你产生好感，都是可取的，也是可喜可贺的，因为这对你的事业必会有帮助。

博取别人的好感，要多花费一些心思，了解自己应该做哪些事情。尤其想博取上司的好感，更需要具备一些特殊的技巧。注意以下几点，能帮助你和上司建立起和谐而友好的雇佣关系。

1.懂得察言观色

知情识趣、通达人情世故的人，无疑能讨人欢心。上司尤其喜欢这种类型的下属。例如，遇到上司哪天心绪不佳时，如果不是非常重要的汇报，就不要去烦扰他，当上司故作风趣和幽默时，要懂得适当地迎合一下。

2.工作态度严谨认真

边工作，边和同事聊天，会让上司对你的印象大打折扣。即便你有足够的能力应付眼前的工作，也要表现出一丝不苟的态度。这样做，可以让上司感觉到你对工作十分投入和专心。

3.具有对额外工作的热心

一些上司喜欢让下属帮他代办私人杂务，这虽然令人感到不满，但如果上司的为人及工作能力是你佩服和欣赏的话，也不妨为他做一些事情。这是因为，有些上司确实工作太忙，无法抽身料理私人琐事，此时如果你帮了他的忙，他会给你一些额外的好处。比如，遇到升职加薪时，他先会考虑到你。

4.说好听的话

这包括从不埋怨、开朗的性格，以及对于任何批评别人的话都不在上司面前诉说等。如果你能做到这一点，那么在直觉中，上司就会感到你是一个为大局着想的人，因而会对你有良好的印象。凡事向他申诉，只能惹他反感。此外，你还必须在适当的时候，说出一些使上司感到顺耳的话，比如，当上司处理完一件十分棘手的事情时，你就应向他表示祝贺和钦佩。

5.懂得换位思考

在职场上能够取得成功的员工，一般都不是那种从常规角度去考虑问题的人，而是能够站在上司的立场上，考虑各种问题。原地踏步、缺乏高瞻远瞩目光的人，不可能有所成就。很少有人想到为上司设身处地思考一下他的难处。

有些人经常会说一些自己升职后将如何如何的话，比如会做得更出色，不会刻薄对待下属等。可是，一旦他真的担任了高级职务，那副嘴脸便完全不同了，与他所宣称的有着天壤之别。实际上，这种人是很难获得升职的。因为他们根本不了解上司的一切，所以他就根本无法实现自己升职的目标。尝试上司式的思考，以上司的身份设想如何解决所面临的问题，是非常必要的。“如果我是上司，就调走某君，因为他太过主观。”这是一般下属的狭窄视物方式，这种人只容纳对自己有利的人。

事实上，有些上司也会这样想。他会设法保留自己喜欢的人，或明或暗地排斥异己。但如果遇到矛盾双方都是自己的得力助手时，他也会十分头痛。然而，上司考虑问题的出发点和处理方式，与那种狭窄视物的下属存在着本质的不同。做上司，除了可以使用权力之外，其他并不容易。上司也有自己难念的经。在你期望有机会升职前，应当在心理上把自己与上司换一个位置，先在思想上练习用上司的方式思考问题，以及处理问题。以下几点建议，有助于你进行高层次的思考。

1.戒除急躁

真正的领袖是不轻易急躁的，相反，他给人的印象总是温和、妥帖，这是应有的修养和表现。经常拍案跺脚，大发无名之火的上司，是不会得到下属的尊重的。同时，急躁也会影响判断力和分析能力，不但对解决问题于事无补，反而会导致问题难以顺利解决。只有把情绪调到稳定和冷静的程度上，才能帮助解决问题，建立良好的形象。

2.尊重权力

人类有对抗权力的本能，这是潜意识的畏惧所产生的对抗行为。然而，一个员工如果与公司方面一贯坚持相反意见，就永远无法与公司高层保持一致、合作默契，因而也就不会得到重用。在正常情况下，上司绝不会给一个与权力对抗的下属升职加薪，因为这样做无异于是在自己身边埋了一颗定时炸弹，随时都有爆炸的可能。因此，你要消除人类的劣根性，学会如何尊重权力，才容易与权力达成妥协，并逐步懂得如何接近和掌握权力。毕恭毕敬的表现加上谨言慎行的作风，都是获得上司赏识的条件。

3.了解上司的决定

上司的每一个决定，都有他自己的理由。也许有的下属认为他的某一项决定是不明智的，但是他的决定是经过一番思考才做出的。在上司看来，希望获得一样东西，与放弃一项目标同样有他的意义。

所处的立场不同，看问题的角度也就会明显不一样。因此，你对于上司所做的决定，不能想当然地持主观否定态度，而应尽量知道他之所以那样决定的原因。这不仅有助于你了解他的风格，而且也能逐步培养出上司的思考方式和处世方法。

4.重视成功者的奋斗史

某人建立了他的职业王国，这并不是轻而易举或一蹴而就的事情，他肯定经过了一番艰苦卓绝的奋斗，也必有其过人之处。从成功者的奋斗史中，你会发觉有不少地方值得学习和仿效。在每一个转折点之前，都需要个人极大的能耐、智慧和精神支柱。比如，在经济上，他可能是以借贷方式开始自己事业的第一步，然而是否有足够的能力还债，则非要靠他自己努力不可。尊重每一个成功者的奋斗过程，必然会使你消除自己的妄自尊大，从别人走过的路中学会重新考虑如何攀登第一高峰。

上司都有一种"高处不胜寒"的叹息，他们认为没有人真正了解自己，理解他们的苦衷，尤其是下属，只是冲着利益而来。因此，领会上司的思考方式，与之产生共鸣，上司就会欣赏你，从而为你铺平晋升加薪的道路。

与上司保持亲近，不离不弃地影响他

要想在企业中培养自己的影响力，就不要怕亲近上司，如果你感觉心里没底，应当锻炼自己、充实自己，给自己打足气，而不是对上司采取敬而远之的态度。即使你觉得自己并不是那么出类拔萃，也不要老是畏缩不前，长期甘当"后排议员"，因为那样你会失去很多与上司交流的机会，那你就失去了提升自我的机会。

因此，作为一个下属，你应该适当地和上司保持亲近。如果疏远了上司，往往会冲淡对方对你的感情。积极地跟上司接触，在上司的记忆里，常有你的存在。由这一角度出发，还是“出风头”的好，而胆怯、客气，都是不对的。通常情况下，在任何场合都要积极地推销自己，使自己的存在更为明确。一个被上司遗忘的人，既无意义又太可惜，这种人甚至会被推后提升的机会。

不断地和上司接触，打交道、通电话、写信，把自己的名字刻在上司的心上，不仅在企业界很需要这种自我宣传，同时，每一位从业人员也需要。

充分跟上司保持亲密关系，或许上司觉得你是常常在思考、研究事情的人。

但是无论关系如何亲密，也不能不分彼此，没有界限。如果你跟上司毫无隔阂，随意地称呼他，并向他撒娇等，这样只会令他感到厌烦。上司会认为你的存在并不很重要，对一个过于了解的人，兴趣会逐渐地淡薄。

这一点，你应该充分了解。要持续不断地向上司汇报新的情形，不断提供新鲜的情报，这才是不使人厌烦而保持亲近的条件。那么，情报要从何处来呢？这并不难，只要让对方有新的发现，将这种事提出来，就可以了。

如果彼此太亲近了，无互相尊重之心，长久下去双方都会感到无聊，而上司和下属的关系也会出现低谷。

“你太了解我了，我竟然这么相信你……”这是一首歌的歌词。为了所爱的男人，奉献出自己的一切，结果遭到对方遗弃，发出的怨叹。

这首歌表现出了女人的弱点，且充满了哀愁。

被人遗弃，的确是件可怜的事，因为她已经把一切都奉献给了他。正因为如此，男人才会对这种女人厌烦吧！当然，这种女人自己也要负一部分责任。因为将一切都献给这种肤浅的男人，本身就是一件相当愚蠢的事。而且，她也真没有认识男人的眼光。正因为这女人已没有吸引那男人的魅力，所以那男人才会感到厌烦的吧！

将自己所拥有的一切全然地奉献，已经没有东西可以再奉献的时候，被遗弃自是无话可说。因为要想不令对方感到厌腻，必须要有新的魅力，赋有这种生生不绝的泉源，才能影响人的心。而魅力，并不纯粹指外表。

上司和部下的关系也是如此，部下向上司奉献自己所拥有的能力，上司也会对你表示亲切。如果你将一切都奉献完了，上司就会逐渐疏远你，而觉得无法从你那里得到好处，就不会再对你感兴趣了。

你应该牢牢记住这点，用你的优点去获取上司的信赖和亲切，同时不要沾沾自喜，要常常反省自己，是不是有无穷的宝藏供人挖取？是不是让对方有求必应？

如果你已把一切都奉献出去，那么你的宝库已空，你就要尽快再去外面吸收一些宝物，那就是“情报”，也就是意见，同时要“读书”、“自我反省”。

在态度上，经常保持低姿态的你，有时也要让他感觉到你坚毅的一面。当上司认为，再也无法向你要求什么时，如果你能说：“我想，这种看法应该行得通，你认为如何？”或“从那个角度来看，可能会产生这种结果”等，把你的看法说出来。如果你能如此不断地变化，则上司不但不会对你感到厌腻，反而觉得你愈来愈有魅力，而不愿轻易放弃你。

想要得到上司的永久信赖，就必须未雨绸缪，时刻保持自己的魅力。千万不要像一个被遗弃的女人一样，把一切都奉献殆尽，你应该常保持十足的魅力。

影响上司不能越过底线

上司永远是上司，即使多小的、多不重要的事，也要向他汇报。因为这样做能够体现出你对上司的重视，对上司的服从。

在不该说话的时候说话、不该做主的时候做主，是职场新人常犯的毛病。你必须知道，无论你帮老板管了多少事，也无论你的老板多糊涂，甚至依赖你到了你不在他连电话都不会拨的程度，他毕竟还是你的老板，大事小情还得由他来做主。出了错，他承担，有面子，也该由他来卖。

有个杂志社给一个作家做了一期专访，等杂志出来以后，作家收到了一本，他想多要几本送给朋友，便打电话给这家杂志社主编。主编不在，杂志社里一个女孩接了电话。“麻烦你转一下主编，我想多要几本这期杂志。”“这个啊，没问题！您直接派人过来拿就成。”女孩爽快地说。作家正打算驱车去拿杂志时，却接到主编的电话：“对不起！刚才我不在，杂志收到了吧？我刚才派人给您多送了几本过去。”停了一下，主编又说：“对不起，我想知道是谁让您过来拿呢？”作家很奇怪，于是问道：“有问题吗？”

“当然没问题，您要 10 本都可以，我只是想知道，是谁自作主张。”结果可想而知，那位自作主张的女孩免不了受上司的一番责备，上司一定会认为她目中无人，她在主编心目中的印象也肯定会大打折扣。

既然是别人点名找你的上司，作为下属就该转告，而不是替他做主。老板就是老板，下属就是下属，不要自以为聪明，就可以自作主张，真正的好下属要懂得什么时候该说，什么时候该做！不自作主张，这是你在处理公司事务时起码要做到的，而要想在这一方面做得更好，你还需要做到遇事时多和上司商量，多让上司给你做主。你有没有常常向上司询问有关工作上的事，或者是自己的问题？有没有跟他一起商量？如果没有，从今天起，你就应该改变方针，尽量详细地发问。下属向上司请教，并不可耻，而且是理所当然。有心的上司，都很希望他的部下来询问。部下来询问，表示他的眼里有上司，尊重上司，尊重上司的决定。另一方面也表示他在工作上有不懂之处，而上司能够解决，才能减少工作失误，上司也才能够放心。

如果员工假装什么都懂，一切事都不想问，上司会觉得“这个人恐怕不会是真懂”而感到担心，也会对你是否会在重大问题上自作主张而产生担忧。在工作上，作重大问题的决策时，你不妨问问上司，“关于某件事，某个地方我不太懂，请您指教”，或者“这件事依我看不这样做比较好，不知您认为应该如何”等。这样不管功过如何，都与你没多大关系。

其实，客观来说，仅就工作而言，下属自作主张带来的后果，往往都不会是十分严重也并非全都是消极的方面。可以想象，哪有那么多员工笨到不知轻重的地步，敢于擅自替上司作出关乎单位整体利益的主张？除非他真的是个没有自知之明的人。然而，这种自作主张所带来的对职场上的等级及人际关系常态的冲击，往往是十分明显的。上司反感下属自作主张，其实不在于他的擅自决定给公司带来的损失——通常来说，这种损失是微小的。上司心中真正在意的是下属越权行事的行为，以及这种做事风格所反映的下属心中对上司的态度。

因此，工作中多与上司沟通，如果工作你有困惑、苦恼之处，可以尽量向上司提出，同他商量。尽管你并不会完全听从上司的意见，但是这样做却会使上司产生“他什么事情都听我的”的心态，认为你在什么问题上都会重视他的意见，在工作上也不会私自越权决策，从而打下相互信任的根基。

在职场上，你必须时刻牢记一条：上司永远是决策者和命令的下达者，无论我们有多大的把握相信自己的判断力，无论你代替上司决定的事情有多琐碎，都不能忽略上司同意这一关键步骤。否则，当上司意识到本应由自己拍板的事情，被下属越俎代庖，他所产生的心理上的排斥感和厌恶感，以及对于下属不懂规矩的气恼，足以毁掉你平时小心经营、凭借积极努力所换来的上司对你的认同。所谓“一招不慎，满盘皆输”，莫过于此。

送你一句箴言：千万不要在不该说的时候说，在不该做主的时候做主。一旦越过了这个底线，你就再也不能影响你的上司了。

替上司保守秘密，不说不该说的

工作直接服务于上司的员工，如上司的副手、秘书、司机等人，尤其需要严守上司的秘密，特别是正在策划中的重大项目和各项举措。倘若你提前透露消息，重则打乱了整个战略部署，轻则给工作带来各种麻烦，至少也会招来一大堆闲言碎语，真是于事无补，于己无益。值得一提的是，关于上司个人的隐私，只要不触及法律范畴，也不该说三道四，因为这是他私人的空间。通常做事缺乏原则，又想笼络人心，或者惯于信口雌黄者，最容易扮演长舌妇的角色，殊不知“祸从口出”古之明训，这种七嘴八舌的小市民举止，往往在不知不觉中给自己招来了灾厄。

上司与下属一起共事，最好能共同分享所有的信息。如果上司不向下属提供重要的信息，下属便很难做事。因此，从这个角度讲，上司也应积极地对下属提供必要的情况。

如果有些信息不宜让其他部门的人知道，上司在告诉下属时，可作必要的叮嘱。提供信息时，上司若摆出架子或一副施舍的态度，会令人讨厌。但接触到需要保密信息的下属，则应该守口如瓶。说话多的人对于自己的言谈引起的重大影响并不了解。有时会因无意中的一句话，使上司陷入困境。

然而，在许多企业都经常发生一种现象：希望传播的信息在某处停住，不希望暴露的信息却广为流传。换句话说，正式管理的消息窒息不通，而机密的信息却畅通无阻。

不少人一听到重要消息，往往不辨真假，就想迫不及待地告诉别人，以满足我比你早知道这个消息的虚荣心理，也因为每一个人都有这种虚荣心，所以消息就 A 传 B，B 传 C，一个接一个，很快就传得沸沸扬扬。

一个聪明的下属，要充分了解这种情况，成为不该开口就绝不开口的人，这样才能获得上司的真正信赖。

如果获得上司的信赖而认为你是他的“心腹”，你反而会增加接触更多信息的机会。这对你工作的顺利进行，将会有意想不到的好处。

通常，在一个单位中职位越高，所能获得的信息也就越多。升迁的好处是，每晋升一级，就能获得更机密的信息。

一般来说，上司获得信息，其可信度总比下属道听途说来的消息可靠性高，如果他有可以信赖的下属，就不会据为己有，而会尽可能地告诉他的下属，这就表示上司对这位下属的充分信赖。所以，作为下属，你在接触到这类重要信息时，尤其要注意以下几点。

1.对影响上司关系的话要保密

人们在生气的时候容易说出一些在平时根本不可能说的话，比如会影响与上司关系的话。作为上司心腹的下属一定要对这些话保密。

有这样一件事：一天，一支部队发生了一起事故，政委立即布置召开常委会，当秘书通知司令员时，司令员不高兴地说："这个时候开什么会，乱弹琴。"显然，这句话的分量是很重的，一旦传给政委，一定会产生很不好的效果。可后来政委问秘书有没有通知司令员，司令员说了什么的时候，秘书只是模糊回答说："出了事故，司令员心情也很沉重，没说什么。"就这样，巧妙地掩饰过去了。试想，如果把上司在特定的条件下说的话，尤其是一些气话、过头话、牢骚话传来传去，那么后果一定是下属始料不及的。

2.对上司的隐私要保密

作为上司心腹的下属，经常和上司打交道，熟知上司的各种言行举止、脾气爱好、行事作风和私生活，其缺点也容易被心腹所了解，这就要求心腹要从维护上司形象这一点出发，对上司的缺点和隐私加以保密。特别是上司个人生活上和婚姻上等有难言之隐的地方，更应该保密。

因此，老于世故的人从不轻易在公开场合对上司评头论足。

3.对上司的过失要保密

古人说，人非圣贤，孰能无过。不论哪个人，不可能每一句话、每一个词都说得准确、客观，说漏嘴的，说"走火"的、无意中伤害别人的话，也是有的。因此，作为下属，就不能把无意当有意，把偶尔当经常，把不该当回事的话传出去。比如，你的上司长期在销售部门工作，相对来讲对行政工作比较生疏。因此，其他上司往往称赞你的上司为"业务型"的，实干精神好。如果你从贬义的角度去分析，也可以理解为大家在议论这位上司只有销售工作经验，没有行政工作经验，或者说他只适应销售工作，不适应行政工作。因此"说者无意"的一句话，如果"传者有心"，那肯定搞得面目全非了。所以说，下属对上司在闲谈中，在非正式场合涉及其他领导的话，最好都不要传，以免引起误会。

第 7 章

善于影响你的下属，让下属追随你鞍前马后

一个成功的领导者之所以成功，不仅在于他手中握有的权力，还在于他自身所散发出的领导魅力。大多数成功的领袖，他们自身好像一块磁铁，深深地吸引着别人矢志不渝地追随。

做个有影响力的领导者

卓越的领导者身上总是具有一种让追随者难以抗拒的影响力，而影响力必须建立在领导者优秀素质和品格的基础之上。西点军校领导力的经验说明，追求真理、评判是非、自我约束、坚强果断，是优秀领导者产生影响力的源泉。美国通用电气公司前CEO杰克·韦尔奇认为，有影响力的领导者本身必须释放出巨大的能量和工作激情去感染追随者。

美国领导力专家约翰·麦克斯韦尔在《成为有影响力的人》一书中指出，有影响力的人通常具有以下突出的特征。

1.待人诚实正直

麦克斯韦尔认为，诚实正直的品格本质上讲是内在的东西，并不是由外界环境所决定的。环境对品格应负的责任就像镜子对长相应负的责任一样，呈现的是人的真实面目。诚实正直的品格也不是建立于资历基础上的，资历永远不会像品格那样给人留下深刻印象。再者，诚实正直的品格不能与名声混为一谈。名声是照片，而品格才是你真实的样子。诚实正直可以赢得下属的信任，而信任是获得影响力的关键。

艾森豪威尔将军曾说，如果人们发现领袖缺乏坦率、诚实、正直的品格，这位领袖只能面对失败的结局。因此，领导者一定要有诚实正直的品格。

2.通过培育激励他人

麦克斯韦尔认为，要对周围人施加影响，就必须用心培育他们。培育的核心是真诚地关心他人，培育的目的是帮助他人成长和独立。培育型影响力的基础是给予，给予的过程是爱的过程，是尊重他人的过程，是认可他人的过程，是激励他人的过程。当一个人感受到激励时，他就能够面对难以忍受的环境，克服巨大的困难。培育他人的领导者通常为别人着想，让别人从正面获得自我价值的提升，增加他们的归属感，对他们的前景充满希望。

3.聆听他人的讲话

麦克斯韦尔指出，不会聆听他人讲话的人不可能有影响他人的能力。心理学家布拉德斯博士说过：聆听，不是单纯的重复，而是最诚挚的恭维。爱的首要责任是聆听，聆听能够建立人与人之间的良好关系，让你在更广的层面上与人交往，并且培养更牢固、更深刻的友谊。每个人都希望身边有个人能够聆听自己。正如作家尼尔所说，"当你成为那位重要的聆听者时，你就帮助了他，而你也向成为他生命中有影响力的人踏出了重要的一步"。

4.了解他人的能力

有影响力的人会了解他人。麦克斯韦尔认为，一个人所能拥有的最大资产之一，就是了解他人的能力。这种能力能够正面影响生活的每个层面，而不仅仅在职场或机关里。缺乏对人的了解和关心，是今天社会一再发生紧张局势的重要原因。蒙牛公司的企业文化中有一句有意思的话:矛盾的 98%是误会。这实际上是说，员工之间应该加强沟通和了解，不能沟通和了解他人的人总会给别人带来恐惧。以自我为中心，不能欣赏他人的优点，看不到彼此的差异，最后必然导致矛盾的产生和激化。实际上，在日常工作中，每个人都渴望得到别人的了解，得到别人的尊重，得到别人的关注，世界上没人在乎你懂多少，但是人们很在乎你是不是关注他，理解他。

5.增强团队凝聚力

麦克斯韦尔认为，一旦你成为周围人心中诚实正直的榜样，并能成功地激励他们，你将会成为他们生命中有影响力的人物。要做到这点，你必须能够对下属有积极的影响，支持他们的工作，与他们一起生活，直至成为他们的人生导师。导师的影响力是永恒的，因为他能鼓舞追随者不断成长，并提升他们的能力和素质。有影响力的人拓展他人是一项投资，因为你的拓展增强了被拓展者成功的概率，挖掘了他们成长的潜力，增强了整个团队的凝聚力。成功的拓展者会客观地评估下属的潜力，并且把他们放在能够成功的位子上，给予他们发展自己的机会。拓展者能够为员工描述远景，激发他们的工作热情，提升他们的品格素质，发扬他们的优点和优势，让下属在实践中不断提升自己并最终成为自我拓展者。

能力决定影响力，用你的专长征服员工

优秀的领导是其言行都能对他人产生影响的人物，他们对自己的人生描绘种种蓝图，并且帮助员工、领导员工成长，并在面对困境时能够不懈奋斗，迎接挑战。这样的领导就必须得通过不断地学习，拥有一技之长。在你立志成为一名优秀的领导者的时候，你认为应该拥有哪些优秀的品质和能力才能让别人服从？

首先，你要具有亲和力，这样别人才愿意与你接近。其次，你还要具有丰富的管理知识，帮助你解决面临的复杂问题。但比起这些，最基础的或者说你发挥领导力的根基是什么？那就是你的“一技之长”，那是你的“术业之专攻”。在员工面前，你是这方面的专家，当大家碰到难题的时候，你总能够提出独到的见解，并轻松地解决问题。这是别人尊重你的基础。

拥有你自己的专长，这是一个再明白不过的道理，现代职场中，没有一技之长是难以立足的，仅靠你的管理技巧和知识，总是难以让员工从心服口服。

就像那些技艺不熟的泥瓦工和木匠，将砖石和木料拼凑在一起来建造房屋，在这些房屋尚未售出之前，有些已经在暴风雨中坍塌了；术业不精的医科学生不愿花更多的时间学好技术，结果做起手术来笨手笨脚，让病人冒着极大的生命危险；律师在读书时不注意培养能力，办起案件来，让

当事人白白花费金钱……这些都是由于缺乏专业特长所造成的，这些人注定当不了好领导，因为这种专业水平无法让更多的人信服。

一个人要想取得事业上的成功，就不能在学业上或者能力上十分平庸，而必须通过学习掌握一技之长。有了一技之长，就有了让人信服的资本。所以，领导者要克勤刻苦，下决心掌握自己职业领域的相关知识，使自己变得比他人更精通。如果你是工作方面的行家里手，精通企业的全部业务，就有可能赢得良好的声誉，也就拥有了一种潜在的获得成功的秘密武器，并不断地将你的专长传授给员工，“授之以渔”并能在关键时刻起到关键作用，那么接收者必然将“报之以李”。

古今中外伟大的人物，他们都是凭借着自己的一技之长，才有了多方面的才能和建树。我国春秋时代的“圣人”孔子，他既是思想家、社会活动家、教育家和伦理学家，又是文学家、史学家、音乐家。总之，在人文学科方面，孔子几乎可以说是开创一代先河，成为这方面独树一帜的“专家”，对后世的影响十分深远。19 世纪，世界无产阶级革命导师马克思以及他的战友恩格斯，也都是在一些领域有杰出贡献的“专才”，他们在如何学习、如何做学问方面，为世人树立了光辉的榜样。

作为领导者或管理者，应该学有专长。科研人员应该具有高超的研究能力，商人应该懂得经济规律。如果缺乏起码的专业知识，工作中只会瞎指挥，不按科学规律办事，这样做的后果轻者是工作效率低下，重者是劳民伤财，甚至会酿成人为的灾难。

学有一技之长既是实际工作的需要，也是一个现代领导者或管理者必备的基本素质。作为一个现代管理者或者领导者，如果学有所长，就会在实际工作中应付自如，得心应手，特别是能够透彻地了解情况，进行正确的决策，使工作有的放矢，这样才会使你更加富有个性魅力。

现代管理者不但要勤于学习、善于学习，而且还要大力改善自己的知识结构，使自己的知识在不断丰富的同时，又根据自己的业务特点有一定的侧重。这就是说，为了使自己的事业能够达到一个较高的境界，领导者必须下功夫学习工作必需的专业知识，不能仅仅停留在一知半解上。

首先，理清自己的能力菜单，确定自己能力提升的目标。提升能力的第一步是要弄清楚四个问题：

(1) 我最突出的能力是什么？

(2) 目前工作最急需的能力是什么？

(3) 对比工作急需的能力，我最欠缺的是什么？

(4) 我应该如何提升这些欠缺的能力？

你可以列一个表单，逐一回答上述问题，这样你所欠缺的能力以及今后努力的方向就一目了然了。

其次，制订自己提升能力的行动计划。制订行动计划时，要注意以下几点：

(1) 知识结构上的合理、优化与提升。一个领导的知识结构，大体上有三种类型：专业知识、管理知识和相关知识。只有建立和完善科学合理的知识结构，才能有效地完善和提升自己的专业能力。

第一类是传统的知识结构，即仅有某一专业知识的结构。这是单一的知识结构。这种知识结构已远远不能适应形势对管理者的要求。

第二类是管理知识。这就要求你不仅要了解某一专业知识方面的深度，还要了解与某一领域相关的知识面的跨度和广度。

第三类是相关知识。这类知识结构的主要测定指标有三个：深度、广度和时间度。只有这样的知识结构，才是管理者理想的知识结构。

(2) 结合职业和工作需要去“补短板”。一般来说，不主张“补短板”，但如果你眼前的工作职位确实需要这种能力，那就必须补上这个“短板”。作为一名职业管理者，如果你在职业管理者所必备的职业知识和能力上存在缺陷，那么，你就必须补上。否则，你就不称职，就无法更好地发展。

表率激发影响力，以身作则行胜于言

成功的领导，在于99%的领导者个人所展现的威信和魅力与1%的权力行使。而这种威信与魅力，正是来自于领导自身的行为。古语说：“己欲立而立人，己欲达而达人。”这句话的意思是说，只有自己愿意去做的事，才能要求别人去做，只有自己能够做到的事，才能要求别人也做到。作为现代领导者必须以身作则，用无声的语言说服员工，这样才能具有亲和力，才能形成高度的凝聚力。

所谓以身作则，就是应该把“照我说的做”改为“照我做的做”，这样才能起到更好的教育激励作用。然而，现在有些领导者总对员工说：“照我说的做”。可他们不明白，这是下策，真正的上策应该是：“照我做的做。”

日本前经联会会长土光敏夫，是一位地位崇高、受人尊敬的企业家。土光敏夫在 1965 年曾出任东芝电器社长。当时的东芝人才济济，但由于组织庞大，管理不善，员工松散，公司绩效低下。土光接管之后，提出了“一般员工要比以前多用三倍的脑，董事则要多用 10 倍，我本人则有过之而无不及”的口号来重建东芝。

他的口头禅是“以身作则最具说服力”。他每天提早半小时上班，并空出上午七点半至八点半的一小时时间，欢迎员工与他一起动脑，共同讨论公司的问题。土光为了杜绝浪费，借着一次参观的机会，给东芝的董事上了一课。

有一天，东芝的一位董事想参观一艘名叫“出光丸”的巨型油轮。由于土光已看过 9 次，所以事先说好由他带路。

那天是假日，他们约好在樱木町车站的门口会合。土光准时到达，董事乘公司的车随后赶到。

董事说：“社长先生，抱歉让您久等了。我看我们就搭您的车前往参观吧！”董事以为土光也是乘公司的专车来的。

土光面无表情地说：“我并没乘公司的轿车，我们去搭电车吧！”

董事当场愣住了，羞愧得无地自容。

原来土光为了杜绝浪费，使公司合理化，以身作则搭电车，给那位浑浑噩噩的董事上了一课。

这件事传遍了整个公司，企业上下立刻心生警惕，不敢再随意浪费公司的物品。由于土光以身作则，东芝的情况逐渐好转。

领导者的工作习惯和自我约束力，对员工有着十分重要的影响。如果领导者都能够按时上班，工作时间尽量不涉及私人事务，对工作尽职尽责，那么在管理员工的过程中自然就会事半功倍。

美国玫琳凯化妆品公司以“领导者以身作则”为所有管理人员的准则。公司创始人玫琳凯·艾施每天都把未完成的工作带回家继续做完。她的工作信条是：“今天的事绝不能拖到明天。”她从来没有要求她的员工也这么做，但她的助理以及七位秘书，也都具有她这样的工作风格。

领导者只有严格地要求自己，起带头表率作用，才能具备说服力，才能增强自己的凝聚力。玫琳凯·艾施为了使公司的产品扩大影响，她从来不用其他公司生产的化妆品，她也绝不允许公司职员使用其他公司的化妆品，就像她不能理解奔驰轿车的营销员开着宝马轿车一样。

有一次，玫琳凯·艾施发现一位经理使用其他公司生产的粉盒和唇膏，于是走到她的桌旁，婉转而幽默地说：“上帝呀，你在做什么试验吧？我想你是不会在公司里使用别家产品的吧!”听了玫琳凯·艾施的话之后，那位经理的脸一下子红到了耳根。过了几天，玫琳凯·艾施亲自把自己未使用过的粉盒和唇膏送给了那位经理。

玫琳凯·艾施非常重视维护形象，因为她深知，一个化妆品公司经理的形象，会给客户留下深刻的印象，甚至会影响到公司的声誉和发展。

20世纪70年代，美国流行穿长裤，但玫琳凯·艾施不管是在什么时候从来不追逐这种流行，始终保持着自己的形象，她甚至为了保持自己的形象，放弃了一生中最大的爱好——园艺，因为她担心自己会在不留意中，让沾在身上的泥土破坏自己的形象。正是由于玫琳凯·艾施以身作则，公司里每一位员工都衣着合体，光彩照人。

由此可见，表达责任感和工作热情的最令人信服的方式就是以身作则，用生动真实的例子感染员工。作为一位领导者，你想要什么样的员工，首先自己就要先成为那样的人。

领导者不可能尽善尽美，也不可能在一夜之间就完全转变自己的风格。但是，只要他们能不断尝试，不断学习合作的团队精神就足够了。重要的是，他们要能够不断追求、完善自我。

员工之所以心悦诚服地为他的组织努力工作、奋斗，主要是因为他们拥有一位有威望的、能够以身作则的领导者。这位领导者像磁铁般赢得了大家的心，激励大家勇往直前。曾经听到一位员工推崇他的领导说："你和他在一起一分钟，你就能感受到他浑身散发出来的光和热。我之所以努力工作，就是因为他有一种强大的威严和魅力，深深吸引着我。"

魅力体现影响力，提高非权力影响力

一个使用权力的管理者，他对别人的影响，往往是带有强迫性的。这种管理方法不能缩短领导与被领导之间的心理距离，被领导者是被动服从，缺乏自觉性、主动性、积极性。

一个成功的领导者之所以成功，不在于他手中握有的权力，而在于他自身所具有的领导魅力。

大多数成功的领袖，他们自身好像一块磁铁，深深地吸引着别人矢志不渝地追随。他们总能激发起人们的狂热情感，总能驱使人们不停地行动，他们身上体现出来的这种巨大的、宗教般神秘的力量，就是魅力，即非权力影响力。

它与权力性影响力具有相反的特点：

(1) 这种影响力是自然性的，非强制性的；

(2) 它不是凭借单纯的外力作用，而是被领导者在心悦诚服的心理基础上，自觉自愿地接受影响的过程；

(3) 领导者与被领导者关系和谐、心理相容。

富兰克林·罗斯福在 39 岁时不幸患有一种麻痹症，他的双腿再也站立不起来了。在大部分时间里，他不得不坐在轮椅上。尽管病魔缠身，他还是艰难地以顽强的毅力克服一切困难。以他迷人的魅力，倾倒了美国人，他是美国历史上唯一一位连任四届的总统。

在“二战”期间，罗斯福身上那种非凡的个人魅力得到了很大的发挥。为了获得战争贷款，他说服下属捐献自己的手表。

罗斯福被他的下属视为偶像，他的司机这样说，“罗斯福是一个非凡的领袖，我们需要他的领导。”

罗斯福关心下属，他奉献给下属的是一种母亲的爱。在管理美国的十多年时间里，他从没有训斥过一位下属。

海因茨·亚当是联邦安全委员会的主席，他以诙谐的口吻说道：“如果罗斯福将联邦安全委员会1.3万雇员集合起来，站在孟菲斯的亨纳达大桥上，并喊一声‘跳’，会有99.9%的人跳进下面水流湍急的密西西比河里，你可以看出忠诚的力量。”

一个人之所以成为领袖，必须有能让众人倾倒的魅力，否则他就不是一个真正的领导者，而只是一个管理者。

如果你也想做一名优秀的企业家，那么你就必须培养和发挥你的个人魅力，来吸引你的员工。

美国好莱坞最成功的领导人之一肯克莱屋说得好：“明星是被塑造出来的，不是自然天生的。”无论是一个什么样的成功者，或是老板，或是学者、领导，乃至美国总统，其实他们的成功者气质，无不是来自于他们愿意努力经营自己的自觉意愿，以及让自己达到成功者特殊地位的坚毅决心而已。

无论你是一个成功的企业家，还是一位普通的职员，“成功者气质”正是让你越过一些既定的标准，鹤立鸡群的某种特质。我们经常会看到，宴会中某个人就像磁铁一样，不管他站在哪里，身边总是围绕着一堆人。还有些人不管他的头衔是什么，总是不由得令人肃然起敬。想想看，这些人不管在什么场合出现，都会成为最受欢迎的人，这就是成功者的气质——成功者的视觉标识。

获得成功者气质，没有捷径。

首先，你必须先通过某些特定的方法塑造一个成功的自我形象。你必须消除一切畏惧和自我怀疑。只要看穿其本质，畏惧是很容易战胜的。如果仔细研究一下，你就会发现它们总是既愚蠢又无形的。除了你的思想在作怪外，几乎什么也不存在。害怕失败可能是最常见的畏惧心理了。但是如果你拒绝接受失败，你就绝不会失败。一旦这样的自我怀疑从头脑里被完全赶走，你就可以集中注意力干好更重要的事情。

其次，增强成功的自我形象所必要的自信。你必须做好充分的心理准备，百分之百地相信自己是最好的。这样，面对一切情形，你都可以随时消除可能遇到的任何障碍，从而拥有一个成功的自我形象。

本田技研工业公司是世界上最大的摩托制造企业，可它在创业初期，只有一间破旧车间，员工们都看不到成功的希望，只有企业的主人本田宗一郎站在一只破旧的箱子上对众人高喊："我们要造出世界上第一流的摩托车。"他的手下没有一个人相信这句话，但本田本人充满信心，他也一直以这样的目标鼓舞、激励员工，终于本田公司的员工被他的热情所感动，大家齐心协力，共同朝这一目标奋斗，使本田的产品达到了世界一流。

企业家的个人魅力之所以重要，关键是他能够影响到这个团体的士气。一个暮气沉沉的管理者，是无法领导一个朝气蓬勃的企业的。

在潜移默化中影响下属

领导者或者管理者很多时候都是在行使一种职责，即设法让员工为既定的目标努力，并高效地实现。如果说传统意义的领导主要依靠权力，那么现代观点的领导则更多是依靠其内在的影响力。一个成功的领导者不是指身居高位的人，而是指能够凭借自身的威望和才智，把其他成员吸引到自己周围，取得别人信任，引导和影响别人来完成组织目标，并且能使组织团队取得良好绩效的人。

领导者的影响力日渐成为衡量成功领导的重要标志。一个拥有充分影响力的中层领导者，可以在领导岗位上指挥自如、得心应手，带领团队取得良好的成绩；相反，一个影响力很弱的领导者，过多地依靠命令和权力的领导者，是不可能在企业中树立真正的威信和发挥满意的领导效能的。从这个意义上说，领导者个人的影响力或者说能够让别人按照既定方向前进的能力就显得至关重要。对于超负荷工作的管理者而言，对员工施加影响，可以达成共同的目标，不会再有喋喋不休的争论，任务不会在执行中走样，每个人都乐意听从组织的安排。这样的局面都是他们所追求的。影响力这种潜在的无形力量，可以让大家在潜移默化中凝结在一起。

当员工无法站在更高的层面上理解组织任务时，当大家因工作方式各不相同而无法达成一致时，当公司推行的变革措施受到员工排斥时，当你的意志无法被准确传递与执行时，当某些不利的情况发生时，你需要运用你的影响力，让这些阻力消弭于无形当中。随着经济的发展，企业将越来越依赖于技能高超、思想独立、思维灵活的知识型工作者，领导和管理这些商界的新主角，现代管理中那些模式化的方法往往并不灵验，重要的恰恰是领导者的影响力。

对于领导者影响力的定义，很多管理大师都做过一些解释，孔茨等人这样解释：这是影响人们心甘情愿地和满怀热情地为实现群体目标而努力的一种强大力量。理想的情况是，应当鼓励人们不仅要提高工作的自愿程度，而且情愿以满腔热忱和满怀信心来工作。领导者并不是站在群体的后面，而是置身于群体之前，带动群体前进，激励群体为实现组织目标而努力。美国最著名领导学家柯维也有同样的观点。他说：“领导的才能就是影响力，真正的领导者是能够影响别人，使别人追随自己的人物。”一个以身作则的领导者，要克制自己的冲动，培养自己的前瞻性、控制力和对他人的耐性。要以身作则，为下属树立榜样，用榜样来影响他人。要尊重他人，不要伤害别人的自尊心，要协助别人建立内在的价值和自尊。

然而，事实却并不简单。有调查显示，76%的经理在其领导的队伍里都不甚得人心，很少有人支持。由此看来，并不是你成为团队的首领，你的影响力就会应运而生。这就要求管理者必须具备多种能力才能够让自身散发出令人折服的魅力。这些能力包括：

(1) 有效并以负责的态度运用权力的能力；

(2) 对员工在不同时间和不同情景下采取不同激励措施的能力；

(3) 通过某种活动方式形成一种有利的气氛，以此激励员工并使员工响应的能力。

还要考虑的一点就是，在很多时候，员工有着自己的思维方式和解决问题的方法，虽然你认为这样的做法有很多需要改进的地方，但他本人却相当执着。让员工站在组织层面去思考一些问题的确有些困难，例如这个订单只要公司能再给一点折扣就可以了，可为何不能？你需要帮助他走出某些误区，从不同的角度看待问题，甚至为了让他变成一个更值得委以重任的职业人，你还需要帮助他养成某些优良的职业素养。那么，你如何使他改变呢？

1.影响不是将你的想法强加给他们

很多人都认为，施加影响力的目的就是让别人去做自己想要他们做的事情，但却总是事与愿违。那是因为每个人都希望被尊重和重视，最重要的就是别人要尊重和重视自己的思维方式，并且没有人愿意做一个完全没有思想的听从者，换句话说，影响一定是双向的，如果你想成为有影响力的人，你应当以开放的心态与你的员工沟通，对于他们说的话，不能左耳朵进右耳朵出，要真正听到心里去。

首先，你要找到他们的逻辑或者思维方式。每个人都有自己的逻辑，如果你追溯人们行为的后果，问自己为什么有人会那么做，为什么同样是获取一个新客户，有的人愿意直接拜访，而有的人则总是愿意侧面迂回，那么你就会找到支持他们作出那种行为的理由，那就是他们思考问题的逻辑。要想成功施加影响，就要走进他们的思维，就要有思想的交流，否则就是你讲你的，他想他的，你的影响就如石沉大海，收不到任何反馈。

其次，你要设法找到你们共同的目标，只有在共同目标下才有共同的利益出发点。我们之所以要与别人建立关系，是因为要满足一定的需要。如果我们能够通过与他人的关系来满足自己的需要，那一定是因为我们和他人有着共同的目标。而有时很不幸，只有在一方已经改变了主意，而另一方还抱着旧想法不放时，我们才意识到双方曾经共同的目标是什么，而此时它已经不复存在。在人力资源管理学中有一个概念——心灵契约，它指的是在员工和其组织之间所进行的没有被说出来的交流。我知道有这么一个组织，氛围很轻松，很少辞退员工，保障和福利措施很完善，大家经常会聚在休息室里交谈，在这里工作的员工颇有安全感，即便工资相对低一些，大家也不介意。而当一位高级经理实施改革，对员工加强控制时，员工就觉得自己好像是在超市中被少找了钱一样。由于从未有人清楚地意识到自己与组织之间曾存在一种安全的心灵契约，人们把不满都集中在低工资上——而这在以前根本不是问题，现在也不能算是问题，但却在某种程度上成为人们发泄不满的借口。

人与人之间的共同目标不见得一定要多么伟大，只要有一个共同利益点，在他们之间就能建立某种关系。但是，在双向影响的关系中，双方的共同目标要高于现有的目标，并且双方一定要清楚地知道这是一个什么样的目标，对这个目标达成共识，彻底理解这个目标。在双向影响的过程中，双方应当受这个目标的约束。

最后，还要记住一点，在影响的过程中，你也要做一个适当的接受者，当然，你要有自己的原则。在这个原则之上，适当听取别人的意见，做一个好的倾听者和接受者，会让你事半功倍，因为只有自己受到别人的一些肯定，才愿意去肯定别人。

2.你认为理所当然的事情，在另一个人看来未必如此

为什么当你觉得一件事情理所应当，而别人却不以为然呢？你觉得一份重要报告中出现一个错误的标点符号不能容忍，员工却认为在会议马上就要召开时为了一个标点符号而重新准备文件是小题大做。

那是因为一个人解释和判断某些事情的出发点来自于他曾经经历过的事件以及他的思维方式，因为你们有着不同的经历，所以对同样的事情会有不同的看法。这是否就意味着无计可施了？当然不是，因为你可以影响他们的经历。例如，你希望员工敢于创新，敢于冒险，而不是“不求有功，但求无过”，但长期以来他们被公司的文化吓怕了。要改变这种习惯，就要改变他们的经历，你可以在部门中提倡一种出了问题积极解决、对事不对人的作风，让他们不再害怕冒险，开始挑战自己的思维方式，不仅不

责备他们，还要告诉他们你会怎样对待那些求全责备的人。

另外，一个更简单的方法是，不要心急，你要学会讲故事，讲你曾经经历过的故事。你需要将员工带到同一种情境下，用相同的方式解释这种情境，获得共同的理解，所以，有时讲故事是很好的方法。

3.动机始终是关键

心理学家告诉我们，人的行为受需要和动机的驱使，某些讨厌的行为是因为用了错误的方法去满足内心的需要。从一个人的行为来理解他的需要，帮助他实现，把他的注意力导向更“高级”、更自由但要求低一些的方向，你就可以影响他的行动了。

理解这一点，我们要回顾的就是马斯洛需求层次理论。你需要判断员工当下的需求，并通过适当的行为体现出你了解的情况，这可能会产生一种“惺惺相惜”的感觉，这样你们便可以以更近的距离沟通。

塑造领导力，多培养点“领袖气质”

“领袖气质”这个词源出希腊文，原意是一件美丽的礼物，意思是说上天给你的某些东西，可以引申为与生俱来的禀赋。

但拿破仑却不以这种解释为然。他说：“我的权力靠我的威望，而我的威望全靠我会打胜仗。假若我不再会打胜仗，不再有威望，我的权力就会消失。征服造成了今天的我，也只有征服才能保持现在的我。”

拿破仑说这段话的意思是别人都认为他天生具有“领袖气质”，但实际上他是靠努力得到成功。为了保持这份“领袖气质”，他就得不断成功下去。他的话的确有道理。根据南加州大学两位研究员班斯和蓝纳斯的研究发现，成功的领导者常被人看成具有领袖气质。

这并不是说，假若你要别人认为你有领袖气质，你必须先成为一位成功的领导者。假若你要等到成功以后，才是位有领袖气质的领导者，那么所谓的领袖气质到底是什么？是不是这种领袖气质帮助你获得成功呢？你是否能在成功以前采取某些行动，让自己能具有领袖气质？幸运的，这里的确有方法。

华盛顿有一所国防大学——三军工业学院。进到三军工业学院的学员，全都是经由联邦政府挑选的军界及民间的高级人员，本身已有相当地位和声望。

在每位学员进入国防大学受训以前，校方就发出一份领导才能评估表给这位学员的下属、上司及同事，要他们对他进行评估，填表人不用署名。这项详细的评估表分成 21 部分、125 个问题，内容包括这位学员的领导才能，对团体的贡献和性格。

这些入选国防大学受训的学员，全都是已有成就的领导人物，正如你所预料的，这份领导才能评估一般都很好。有一年，对 115 位学员进行的 995 份问卷调查，平均分数都超过了 4 分，满分是 5 分。

平均分数 3 分就算及格。换句话说，每个单项都能得到 4 分以上，表示这些受训学员领导才能已远超过一般领导者的水准。

在那期 115 位学员当中，“领袖气质”这一项平均分数是 4.32，这种分数真是高得出奇。有一位学员更是出类拔萃，在领袖气质这一项，他所有的下属都给他满分！这表示说，他的下属都认为他随时随地都有那种领袖的魅力。

有人费了很大的力气想找出他这种魅力的秘诀，但发现他看上去和一般人没有什么两样，个子也并不高。假若你不知道他在领袖气质上得如此高分，你看不出他有什么特别的地方。

他有什么秘诀呢？他认为自己领导还算成功，几乎是靠别人认为他有领袖气质。换句话说，并不是先成功后，别人才认为他有领袖气质，不过他也同意，在他获得成功以后，别人更容易认为他具有领袖气质。

他的下属说，他所以领导成功，部分原因在于他的领袖气质。更重要的是：他具备这种领袖气质并不完全是出于天赋，而是经过后天刻意培养。此外，每到一个他领导的新团体，他又会积极行动培养另一种适合新环境的领袖气质。

第 8 章

机智影响你的同事，营造如鱼得水的职场关系

不论职位高低，每个人都有自己的工作范围和责任，所以在职场上，切莫喧宾夺主。记着永不说“这不是我分内的事”之类的话。过于泾渭分明，只会破坏同事间的关系。

同事相处，若即若离最相宜

与同事相处，走得太远了当然不好，人家会认为你不合群、不易交往；走得太近了也不好，容易让别人说闲话，而且也容易令上司误解，认定你是在搞小圈子。所以说，若即若离、不远不近的同事关系，才是最难得和最理想的。这就是同事之间影响力的适中效应。

虽然有人认为“好朋友最好不要在工作上合作”，但大家都是为公司效力，聚在一起工作并不奇怪。如果某天，公司来了一位新同事，他不是别人，正是你的好友，而且，他将会成为你的搭档。上司将他交托于你，你首先要做的是向他介绍公司的架构、分工和制度。如果在接待他时你战战兢兢，未免太敏感了；不如放轻松点，就当他是普通的同事吧。这时候，不宜跟他拍肩膀，以免惹来风言风语。

办公室里与同事相处，必须公私分明。在公司里，同事是你的搭档，你俩必须友好合作，才可以顺利地开展工作。如果同事是新人，许多地方需要你提示，这时，你就得扮演老师的角色，当然切不可颐指气使，更不应倚老卖老引起他人反感。

私底下，你俩十分了解对方，也很关心对方，但这些表现最好在下班后再表达吧。跟往常一样，你俩可以一起去逛街、闲谈、买东西、打球，不分你我，只是闲暇时，以少提公事为妙，多谈一些工作之外的兴趣爱好。

许多公司有不成文的习惯，就是升职者要请客，你若身处这样的公司，当然要入乡随俗。那么请客如何安排呢？

要视加薪额和职级而定：一是量入为出；二是身份问题。如果你只是小文员一名，却动辄请同事吃海鲜大餐，未必个个会欣赏，可能有人认为你太招摇。所以，一切最好依照旧例，别人怎样，你就怎样。有人当面恭维：“你真棒，什么时候再请第二次？”你可以微笑着回答：“要请你吃东西，什么时候都可以呀！”一招太极就能解决问题。

许多公司有欢迎新同事和欢送旧同事的习惯，身在其中的你，应否热烈支持这些活动？

欢迎会的目的是联络感情，欢送会则表示合作愉快或感谢过去的帮忙。所以，前者你不必一定出席，除非你的工作岗位是公关或人事部。至于后者，就比较复杂，你应该小心衡量一下：

这位同事与你关系如何？如果是毫无交情的，可以不必参加聚会，但送一张慰问卡是必要的，那是礼貌，也表示你的关心，何况日后你们或许还有机会共事。

要是常常接触的，但交情一般，则于公于私也该出席聚会，显示你确实尊重和留恋对方，分手时，最好表示你的祝福。

若对方是你的助手或更亲密的搭档，最理想的是既参加大伙儿的聚会，又私下请对方吃一顿饭，或是送一点纪念品，以表示你的感谢和友情。

只有和同事们保持合适的距离，才能成为一个真正受欢迎的人。你应当学会体谅别人。

不论职位高低，每个人都有自己的工作范围和责任，所以在职场上，切莫喧宾夺主。记着永不说“这不是我分内的事”之类的话。过于泾渭分明，只会搞坏同事间的关系。在筹备一项任务前，应谦虚地问上司：“我们希望得到些什么？要任务顺利完成，我们应该在固有条件下做些什么？”

永远不要在背后说人长短。比较小气和好奇心重的人，聚在一起就难免会说东家长西家短。成熟的你切忌加入他们一伙，偶尔批评或调侃一些公司以外的人，如艺人等，倒是无伤大雅，但对同事的弱点或私事，保持沉默才是聪明的做法。

搞小圈子，有害无益。公私分明亦是重要的一点。同事众多，总有一两个跟你特别投缘，私底下成了好朋友也说不定。但无论你职位比他高还是低，都不能因为要好这个原因，而有所偏袒。

一个公私不分的人，是做不了大事的，更何况，老板们对这类人最讨厌，也不信赖。

职场的朋友不可投人太多。一般来讲百人左右的公司你能找到两三个同事做朋友就不错了。很多同事都是你在职时关系好，你一旦离职关系可能就断了。认清这一点，不要对后者投入太多的感情。对于殷勤的下属、客户或供应商来讲，你中学、大学的同学更值得信任。

出语谨慎，莫让说话影响了关系

人与人之间相处，最忌交浅言深，这种情形如果发生在办公室，它所造成的负面影响不可忽略。

你刚到一个新的工作环境，同事对你表示友善而欢迎的态度，大家一起出外午餐，有说有笑，无所不谈。但其中一位同事可能跟你最谈得来，乐意把公司的一些问题以及每一位同事的性格尽诉于你。

你本来对公司的人事一无所知，自然也很珍惜这样一位“知无不言，言无不尽”的同事，彼此谈得相当投机。你开始卸下自己的防卫，看到什么不顺眼、不服气的事情，也与这位同事倾吐，甚至批评其他同事不是之处，借以发泄心中的不快。

如果对方永远是你的忠心支持者，问题自然不大。但你了解这位同事有多少？要知道“来说是非者，便是是非人”。你怎么知道你与对方不过数月的交情，比他与其他同事的感情要深厚呢？为了一时之快，你把不该说的说出来，授人以柄，对方随时随地都可以把你曾批评过其他同事的话公之于众，那时你在公司还有立足之地吗？

同级的行政人员，常会聚在一起谈论公事。当某主管欲提升下属向你征询意见时，请三思而后言，因为你的表现可以反映你的形象。

如果你觉得这位职员十分突出，“他是个很好的助手”这类评语太空泛了，同事会认为你不够细心。应该列出一些特别例子以加强分量，这样才显出你的观察力过人。例如说：“他往往能说服一些固执的顾客去尝试一些新的交易形式。”将来对方在提升的职位上表现出色，那么你的声誉同样会得到提升。

要是你认为这个人很能干，但有些方面仍有不足时，可以有所保留地说："我跟他接触不多，不敢妄加评论！"这样，你并没有说他不能任新职，但如果以后他的表现叫人失望，也与你无关。

若你对这个人没有一点好感，索性说："我不会推荐他！"但不必详加解释。总之，无论是你体验过的，或道听途说的，都不必再提。重点只是，你相信他不能胜任新职，所以不便推荐。

"祸从口出"，有时表现为不顾后果的颐指气使。有些人习惯了以"恶人"姿态出现。很多人对这类人会抱有戒心。或许，你曾见过这样的例子：某人在开会时，疾言厉色，令在场诸人甚至包括老板都不敢多哼一句，结果他获得了全面的胜利。

这些例子多有其背后的因素，如他早已取得一定地位。在这件事情上，有绝对把握，加上其他人本身完全没有支持力，才会有如此一面倒的情况。又或者，某些行业确实需要一定的"暴力"。

"祸从口出"有时又表现为不负责任地传播谣言或小道消息。办公室里，有人特别喜欢向你倾诉心事。可是，知道别人太多的私事，却不是好事。尤其是在办公室里，更有可能平白无故地给自己惹来麻烦，甚至埋下"定时炸弹"。

同事间因为夹杂了利害关系、人事关系，今天的好搭档，明天却有可能变成对手。所以为了保护自己，最好别轻易将感情放到同事身上，只要合乎礼貌、一般的人情就可以了。

下一回，当某同事向你诉苦，不妨改变一下态度。依然关心对方，但不要单独关心。即使对方找着你，你明知他有大量"苦水"，可以多邀一位同事一起去开导他。

对方讲的是私事，不妨客观地给他分析，但提意见时避重就轻。"我以为这件事不一定是好事，但我的意见并不全面，奉劝你重新分析下整件事，再决定。"若对方烦的是公事，那么你只宜当听众了，以免卷入无谓的纷争。

在许多时候，你一时口快，或者误以为对方早已知晓，总之是无心之失，将有关某同事的小秘密泄露了出来，怎么办？

例如，你与甲吃午饭，甲明明与乙表面上很友好，所以你以为对方一定对乙的事了如指掌，于是说话随便得很。你问："某乙那天碰钉子，真是倒霉！"对方瞪着双眼反问："究竟发生了什么事呢？"当下，你明白碰钉子的是你自己，如何"补救"？

你可以这样答复对方的问题："我是说乙那天迟到却碰巧遇到上司罢了。"随便找一个小事谈谈，装作一副漫不经心，然后另找一个话题，将对方的注意力分散。

这种错误，其实只有你自己知晓，所以没有慌乱的必要。装作不知，摆明你是什么也不知道的。这样，即使事情搞大了，起码泄露的人不是你！当然你更万万不该自动向当事人谢罪。

在很多情况下，你只能做个听众。如你的两位好同事由亲密恋人宣告各走各的路，而他俩又分别向你诉苦，数落对方的不是。本来，别人的情史与你无关，但碍于同事一场，你没有理由掩耳跑开。

做个听众倒是无妨，只是最好别做唯一的听众，因为容易让另一方误会。总之，保持距离乃是上上之策。不提意见，也不费神去理解，对你有益无害。

表现有度，谦恭为人提高你的人气

在办公室里，要想出人头地，的确需要适当表现自己的能力，让同事和上司看到你的卓越之处。但许多心高气傲的职员往往陷入这样的误区，把表现自己的时机错误地放在了与自己在同一个级别的同事面前，不知什么是收敛，这样对自己就会有非常不利的影响，甚至在职场竞争中输得莫名其妙。

其实，表现自己并没有错。现代社会，充分发挥自己潜能，表现出自己的才能和优势，是适应挑战的必然选择。但是，表现自己要分场合、分方式，使人看上去矫揉造作，很是别扭，好像是做样子给别人看似的。特别是在众多同事面前，只有你一个人表现得特殊、积极，往往会被人认为是刻意造作，出风头。

每当自己工作有成绩而受到上司表扬或者提升时，不少人往往会在上司没有宣布的情况下，就在办公室中飘飘然去四下招摇，或者故作神秘地对关系密切的同事细诉，一旦消息传开来后，这些人肯定会招同事嘲讽，从而引来不必要的麻烦；当然，除了在得意之时，不要张扬外，即使在失意的时候，也不能在公开场合向其他人诉说上司的种种不是，甚至还要牵连其他同事也犯了同样的错误怎么不被惩罚。要是这样的话，不但上司会厌烦你，同事们更会对你恼怒，你以后在单位的日子肯定不好过。所以，无论是得意还是失意，都不要过分张扬，否则只能给工作友谊带来障碍。

1.刻意表现往往会适得其反

吉米是一家大公司的高级职员，平时工作积极主动，表现很好，待人也热情大方，跟同事关系也不错。但有一天，一个小小的动作却使他的形象在同事眼中一落千丈。那是在会议室里，当时好多人都等着开会，其中有一位同事觉得地板有些脏，便主动拖起地来。而吉米似乎不以为然，一直站在窗台边往楼下看。突然，他走过来，坚持拿过同事的拖把替他拖地。本来差不多已拖完了，根本不需要他的帮忙。可吉米却执意要求，那位同事只好把拖把交给了他。

刚接过拖把不一会儿，总经理推门而入。看到的是吉米在勤勤恳恳地拖地，一切似乎都不言而喻了。

从此以后，大家再看吉米时，就觉得他为人假了许多。以前的良好形象被这个小动作一扫而光。

在工作中，往往有许多人掌握不好热忱和刻意表现之间的界限。不少人总把一腔热忱的行为搞得看上去是故意装出来的，也就是说，这些人学会的是表现自己，而不是真正的热忱。真正的热忱绝不会让同事以为你是在刻意表现自己，也不会让同事反感。

在需要关心的时候关心同事，在工作上该出力的时候，全力以赴，才是聪明的表现。而不失时机甚至抓住一切机会刻意表现出自己“关心别人”、“是领导的好下属”、“雄心勃勃”，则会让人觉得虚假而不愿与之接近。

2.过分表现不如不表现

有人说：“自我表现是人类天性中最主要的因素。”人类喜欢表现自己就像孔雀喜欢炫耀美丽羽毛一样正常。但刻意的自我表现就会使热忱变得虚伪，自然变得做作，最终的效果还不如不表现。

许多人在谈话中不论是否以自己为主题，总有突显自己的表现。这种人虽说可能被人目为“具有辩才”，但是也可能被当成“口无遮拦，显得轻浮”或经常想要“引人注目”等，暴露出其自我显示欲的一面，常使别人产生排斥感和不快情绪。

据说丘吉尔虽然经常爱用夸张的词汇来自我表现，但是在关键时刻他却会用英语说：“我们应该在沙滩上奋战，应该在田野、街巷里奋战，应该在机场、山冈上奋战——我们，决不感激投降。”请注意，他说的是“我们”，而非“我”！

善于自我表现的人常常既“表现”了自己，又未露声色。他们与同事进行交谈时多用“我们”而很少用“我”，因为后者给人以距离感，而前者则使人觉得较亲切。要知道“我们”这个字眼，代表着“你也参加的意味”，往往使人产生一种“参与感”，还会在不知不觉中把意见相异的人划为同一立场，并按照自己的意图影响他人。

善于自我表现的人从来杜绝说话带“嗯”“哦”“啊”等停顿的词，这些语气词可能被看作对开诚布公还有犹豫，也可能让人觉得是一种敷衍、傲慢的官僚习气，而令人反感。

真正的展示教养与才华的自我表现绝对无可厚非，只有刻意地自我表现才是最愚蠢的。卡耐基曾指出，如果我们只是要在别人面前表现自己，使别人对我们感兴趣的话，我们将永远不会有许多真实而诚挚的朋友。

在办公室里，本来同事之间就处在一种隐性的竞争关系之下，如果一味刻意表现，不仅得不到同事的好感，反而会引起大家的排斥和敌意。

异性交往，一种距离一种美

距离，是一种物理现象，更是一种人际学问，它是职场中必须面对的问题。在小小的办公空间中，人来人往，身体的距离该如何掌握？和异性同事刻意保持距离，隔得远远的，会被认为太冷漠；走得太近，则可能承担“别有用心”的罪名。距离不只是物理问题，是心理的、社会的、影响人与人之间互动的非常深远的问题。异性同事之间的距离是复杂又微妙的。

已经是 21 世纪了，男女之间的工作交流非常频繁，实在不能再以男女授受不亲的老观念来衡量。即使已婚，也不可表示出要和异性同事保持距离，以免犯忌。过分拒绝和异性相处，不仅不像个现代人，更可能妨碍职场角色的扮演。我们必须承认，男女都存在的工作空间通常比单一性别的环境要愉快和谐。若想重新隔离两性，不仅不可能，也不合理。刻意疏远，更不可行。男女之间总是要交流的，而且男女一起努力有助于工作效率的提高，所以男女之间绝不能采取隔离策略，而必须找出好办法使两性相处有利无害。

同异性同事交往中一个很重要的原则是对异性采取大方、不轻浮的态度，其中包括言语和行为两方面。以尊重对方是异性工作伙伴的态度来处理办公室中的一些事务，将会使某些复杂的事情变得简单。千万不要将办公室的异性关系演绎成类似恋爱关系所期望的那种暧昧的结果，也不要与某个异性发展成比与其他异性更为亲密的关系。做朋友是下班以后的事，但在办公室内千万要区分利害关系。

物以类聚，人以群分。同事中肯定有与你有共同语言、互有好感的人，如果你并没有意愿将这种关系发展为恋情，就应当将感情发展限制在友谊的范围内，即使很有好感，也不应过度表露。如果对方真的射来丘比特之箭，也应巧妙地将其化解，千万不要给对方以默许和鼓励。

男女之间交流相处须公私分明，办公室男女比不得同学、朋友，谈话可以海阔天空、家长里短，你们的话题应该主要围绕工作，此外只能蜻蜓点水、浅尝辄止，不可漫无边际、滔滔不绝。尤其不能让对方了解甚至帮你了断你在家庭和社会生活中遇到的一些私事。经常把家事说给异性听，自己可能觉得并没有什么，但所谓“言者无心，听者有意”，让一名异性过多地介入到你的私生活，难免会让对方产生误会。

因此，在日常交流中，尤其是在办公室，与异性交谈的话题应尽量限定在工作范围之内。如果遇到别人向你倾诉，你也是浅“听”辄止，安慰即可，不可介入太深。

公私分明的另外一层考虑，在于不可由情感驾驭理性。前面讲过，办公室人际关系相处的最大障碍在于同事之间存在利益的纠葛。很多人在日常的工作中，过于迁就情感，以为感情好什么都无所谓。事实上，这很可能为后来的利益冲突埋下伏笔。俗话说“亲兄弟明算账”，在实际工作中，切不可只因感情的顾虑而放弃了自己的利益。

男同事有男同事的苦恼，女同事有女同事的担忧，他们可能会因为工作繁重而忙得废寝忘食，可能会因为事业发展阻力大、停滞不前而眉头紧锁，可能会为家庭纠纷而闷闷不乐……大部分同事遇到这种情况会采取躲避的姿态，其实，只要你说出一句“需要我帮忙吗”的话语，同事就可能感激不已。当他有困难时，或者大家都不敢接近时，如果你能不避嫌疑去帮助他，他心中的感激是可想而知的。

办公室男女在正常情况下只是同事，因工作的缘故，能够成为亲密朋友的同事并不多。有关男女之间有没有真正的友谊已经讨论了很多年，不少办公室男女不相信“男女之间有真正的友谊”这一说法。在很多人眼中，除了“爱”与“不爱”之外，办公室男女似乎就没有第三种关系。这是目前办公室男女相处最大的意识障碍。基于此产生的流言飞语，在很大程度上破坏了办公室男女的正常交流与合作。

事实上，我们应该意识到，在“爱”与“不爱”之间还有“友谊”存在。对于男生而言，与某个女同事彼此惺惺相惜而不越雷池一步、视为“红颜知己”的大有人在。目前，在办公室里真正能够与他人相处得好的，不是那些拒人于千里之外的冷美人、冷帅哥，也不是那些天天泡在异性堆里的大众情人，而是那些既能与异性保持一定的距离，又不会让人觉得难以接近的人。

和谐法则，玩笑不能随便开

职场上，开玩笑的确可以拉近同事之间的距离，缓和紧张的人际关系，松弛紧绷的神经，活跃僵持的气氛，创造出一个轻松愉快的交际氛围。因此，诙谐幽默的人总是能受到大家的欢迎和喜爱。但是办公室里的和谐法则是：玩笑不能随便开，开得不好，会适得其反，伤害彼此的感情。因此，一个有影响的人要懂得掌握开玩笑的分寸。

如果你是办公室一族，无论是想晋职加薪扶摇直上，还是想默默无闻地过太平日子，都有必要注意开玩笑的法则，哪怕是最轻松的玩笑话，都要注意掌握分寸。当然也不是要你死气沉沉，三缄其口。如果能记住以下的禁忌，你还是可以挥洒自如地开玩笑的。

1.不和上司开玩笑

你一定要记住这句话:上司永远是上司，不要期望在工作岗位上能和他成为朋友。即便你们以前是同学或是好朋友，也不要自恃过去的交情与上司开玩笑，特别是在有其他人在场的情况下，更应格外注意。

2.不拿同事的缺点开玩笑

金无足赤，人无完人。不要拿同事的缺点或不足开玩笑。你以为你很熟悉对方，可以随意拿对方的缺点开玩笑，但这些玩笑话却容易被对方觉得你是在冷嘲热讽，倘若对方又是个比较敏感的人，你会因一句无心的话而触怒他，以致毁了两个人之间的友谊，或使同事关系变得紧张。你要切记，这种玩笑话一旦说出去，是无法收回的，也无法解释清楚。到那个时候，你再后悔就来不及了。

3.不和异性同事开过分的玩笑

有时候，在办公室开个玩笑可以调节紧张的工作气氛，异性之间开个玩笑亦能拉近彼此间的距离。但切记异性之间开玩笑不可过分，尤其是不能在异性面前谈论黄色笑话，这会降低你的品格，也会让异性误以为你思想不健康。

4.不板着脸开玩笑

幽默的最高境界，往往是幽默大师自己不笑，却能把在场的人逗得前仰后合。然而在生活中不是每个人都可以成为幽默大师，普通人很难做到这一点，但你也不要板着面孔和别人开玩笑，免得引起不必要的误会。

5.别总是在开玩笑

开玩笑要掌握尺度，不要大大咧咧总是在开玩笑。这样时间久了，在同事面前你就显得不够庄重，同事们就可能不尊重你；在上司面前，你会显得不够成熟，不稳重，上司也不敢轻易信任你，不敢对你委以重任。这样做实在是得不偿失。

6.不把捉弄他人当作开玩笑

捉弄别人是对别人的不尊重，会让人觉得你是恶意的，进而对你产生敌意。而且事后很难解释清楚。它绝不在开玩笑的范畴之内，是不可以随意乱做乱说的。轻者会伤及你和同事之间的感情，重者会危及你在公司的职位。记住“少说话多做事”这句话吧，不要等祸从口出，否则你后悔也来不及！

第 9 章

作出有远见的决策，开启共同的愿景

不畏浮云遮望眼，只缘身在最高层。成功者需要站得高、望得远，要善于掌握事物的发展规律，按照事物的连续性、因果性，预见它的发展趋势。

运筹公司之中，决胜企业内外

克莱斯勒前董事长艾科卡曾说过："如果决定太迟，即使是对的决策都会变成错误的。"实际上，有些决策是我们每个人必须面对的，与其被动地接受，不如主动地尽早地作出决策来。慢慢地，你就会发现每每重大决策考验你的时候，也是证明你能力的最佳时机。但是，决策又不是盲目的，必须是有针对性的，有规律可循的。为此，你可以这样做。

1.始终关注现状

观看一幅画时，只有站得远点，才能真正观看到整个画面。假如你喜欢让自己向前行动起来，这样的个性会让你积极作出决策。此外，领导者必须作出某种决策的，他的肩上就承担着一种必然的责任。因此，在决定进行一项会有重大影响的行动之前，他会详细地计算手头上的资源，并全盘考虑这项行动将要带来什么样的后果。好的决策者在为自己和大家作出决定之前，一定要先计算出行动所要付出的代价。

2.把握好分寸

领导者在作出重大决策时，一定要深思熟虑，只有这样才能把握好分寸。切不可头脑一热，就鲁莽地作出决策，然后又命令下属去执行。等到发现决策失误时，再收回已经来不及了。

3.参考以往的经验

只要你愿意，以往的成功或失败皆可作为知识与智慧的源头。成功，让你知道自己有什么天赋、才华及专长；失败，提醒你曾经犯过的错误，以及你的做法容易在何处出现纰漏。如果你不能从错误中汲取经验教训，那么可能会一错再错。因此，成功的领导者在决策之前，总要结合以往的经验，慎重地思考。

4.积极倾听别人的意见

有时，不管你过去的经验多么丰富，仍然无法预知现今的一切情形，因此，成功的领导者会从许多地方搜集资讯。他们接受下属的建议，敢于到基层的群体中去，听取他们的感受与看法，他们也与其他团体的领导者们进行交流，以吸取不同的意见。接着，他们再对不同的意见进行梳理，然后作出自己的决策来。此外，领导者也不能只听一两个人的意见，因为人的知识有其局限性，即使是平时见多识广的人，有时也难免考虑不周。此时，你应该静下心来，放下架子，虚心地多向一些人请教，以便集思广益、博采众长，作出正确的决策。

5.要合乎公理与事理

在决定做一件事情之前，首先要考虑这件事情是否合乎公理：决定之事如果涉及面广，即使自以为正确，当和社会公众的认同程度尚有较大差距时，就不可武断行事。如果经多方求证，认为所办之事确实是正确的，则应启发和引导下属或社会公众，使之了解并进而支持该事。当拟办之事本身有较大弊端时，不可自欺欺人而有违民意。如果一意孤行，难免以失败而告终。其次要看是否合乎事理：遇事要深思熟虑。比如，有人要在赤道附近的国家开办羽绒服公司，或在山城重庆经销自行车，或在某民族聚居地经销禁忌物品，其经营的结果自是不言而喻的。此外，任何事物都有其产生、发展、兴盛、衰落和消亡的过程，故做事不可违背这一规律。

应该避免的三个决策误区如下。

误区之一：筹划过远

丘吉尔在第一次世界大战时写道："我从来不对一次战役以后的事情做打算，那以后的事，就像有一堵砖墙挡着，无法看得更远。"所有重要的活动必须有计划和主题，只需要在一定的限度内花费一定的力气来为未来做准备。经验表明，预测通常是一种虚构，打算并不总能如期实现。把握分寸的技巧之一，是清楚地辨别短期和长期计划之间的关系。

决策者如果从一开始就想得很长远，极易使目标变得模糊，决策就会失去牢固的基础与说服力。所以，任何的决策都要从眼下着手，然后，自然就会收到满意的效果。

误区之二：极端完美主义

有些决策是需要领导者与下属进行商议的，而集体商议在导致胆怯和延误时机的同时，又经常会带来极端完美主义的出现，这实际上会窒息任何尝试性的行动。假如你是一个完美主义者，事事要求只许成功，不许失败，那么你就变得畏首畏尾，在本该作出决策的时候，却迟迟下不了手，这样只能让你错失良机。

误区之三：为决定而决定

当一个决定应该被推迟或者不应该作出时，特别是不断变化的形势可能会展现出一些新情况要求作出不同的决定的时候，应该推迟决定或干脆不作决定，不可以仓促地对事情作出决定。

如果，在作决定时表现得过于急切，就会在不成熟的形势急转发展中变得手足无措，从而遭到失败的打击。不要只顾低头拉车，忘记抬头看路。

在进行决策时，有以下几种决策方法供参考：

(1) 两害取轻法。比如一位司机在驾驶汽车快速下山时发现刹车失灵，此时一边是深渊，一边是石壁，为了使汽车能停下来，只有将汽车朝石壁撞过去，这样做，是两害相权取其轻。

(2) 两利取大法。比如猎人面前有一兔一鹿，在朝着不同的方向急速逃跑，此时猎人若想兔、鹿齐获是不可能的。明智的人应两利相较取其大，要迅速张弓射鹿，以免机会稍纵即逝，弄得兔、鹿尽失。

(3) 舍小保大法。比如有的人手被剧毒之蛇咬伤，毒气急剧上攻，在无法止住上攻之势时，只有断臂保命，这是舍小保大，舍局部保全局。

(4) 破釜沉舟法。比如一个樵夫遇到一只恶狼挡道，恶狼凶相毕露，伺机袭人，人狼已经势不两立，此时不可再心存侥幸，应破釜沉舟，勇毙恶狼，保得自己的平安。

制定目标，用目标影响你的未来

当我们嘴上念叨着“没有目标便不可能成功，就如没有空气，人就不能存活一样”时，大多数人并没有真的把这句话放在心上，认为这不过是一种理想的模式，用于教育他人尚可，真的用在自己身上很不实际。首先，没人能知道为自己定的这个目标是否合适。如果定下了一个不是很适合自己的目标，再拼着老命去一心一意地追寻，岂不白白浪费了自己的情感与精力？

其次，周围世界变化得越来越快。当初定的目标也许是行得通的，过上几年，甚至仅仅是几个月便极有可能成了谬误，而必须加以修正。过上几年或是几个月，情况又变了，又需要加以修正。这样修正来修正去，早已背离了当初的目标。既然目标早晚要形同虚设，何必当初煞有介事？这不是自欺欺人吗？

因此，精明的领导都不为自己制定长远目标，即使有时定了，也是定给别人看的，在自己这里，根本不拿它当回事。

另一种领导知道制定明确目标的重要性，他们对那些走一步算一步，今天这儿捞一笔，明天那儿弄点钱，衣食无忧便吃喝玩乐的人十分反感，认为那是领导中的败类，是没出息的人。他们在做公司之前就有着强烈的创富欲望，并根据这个欲望确定了自己的努力方向，甚至还有远期、中期、近期的详细计划。比如，第一年开拓市场，学习经验，不求盈利；第二年小有收获；第三年全方位走向正轨；8~10 年内成为业界老大；15 年内将触角伸向不同领域，四面开花，多方结果……

这些头脑不灵活的领导者，认准了一个目标，便一门心思地执着下去，目不斜视，埋首于自己的设想，依据目标制订不同的策略，不断进取、不断发展。

然而，几年之后，结果大不一样。开始便没有目标的领导依然如豺狗寻食一样，逮住肥肉便过上三五个月的好日子，逮不着就忍饥挨饿地四处寻觅。不断改变计划的领导，忽左忽右地顺风使舵，最终发现自己又回到了起点，也过上了走一步看一步、过一天算一天的当初自己所不耻的生活。那些傻乎乎地执着于一个方向不变的领导却小有成就，而且正在埋首向前努力着。

这又是怎么回事？

正如一位哲人所说："最蹩脚的建筑师从一开始就比最灵巧的蜜蜂高明的地方，是他在用蜂蜡建筑蜂房以前，已经在头脑中把它建成了。"订立明确的目标，是一切成功的基础。目标会引导你的一切想法，而你的想法便决定了你的走向与成就。

某人能够从周薪25美元的工作，迅速升至经理的职位，不久后又升任公司的董事长，做了大老板，是因为他有目标并随时鞭策自己。

世界上不少人一生处于忙于求生的生存状态，这并不是说他们不想去过富裕的生活，也不是说他们没为此努力过，而是他们几乎百分之百没有真正定下长远的、切实可行的生活目标。

一位对百岁以上的老人的共同特点做过大量研究的医生表示，研究前他以为影响人的寿命的是食物、运动、节制烟酒以及其他会影响健康的东西。然而，令他惊讶的是，这些寿星在饮食和运动方面没有什么共同特点。他们的共同特点是对待未来的态度——他们都有人生目标。

制定人生目标未必能使人活到100岁，但必定增加成功的机会。对于经营企业来说，也是一样。倘若没有目标，肯定会一事无成。一个心中有目标的普通职员，或许可能成为一个大老板；而一个心中没有目标的人，只能是个平凡的职员。

目标在心，使领导者更能把握企业的大方向，更易事业成功。就是因为这些人始终在奔着一个目标前进，即使他的精力有限，财力和资质都不是很足，也会比那些忽而东，忽而西的人走得更远些。那些认为目标形同虚设的所谓精明人，实际上是错误地理解了设立与实现目标的过程。真正定目标的人，会仔细权衡自己设立的目标，直到认为它合适可行。在实现目标的过程中，必要的修正也是无可厚非的，但这绝不意味着可忽东忽西。真正精明的领导者，是不会在做事之前没有计划的，也不会不断更改目标，让其形同虚设的。

深谋远虑，站得高才能望得远

今天，人与人之间的关系，事与事之间的关系，似乎越来越复杂。怎样将各种关系调理得清清楚楚，并适当地驾驭它，这就离不开谋略。科学越发达，谋略的法门越神奇玄妙。能够就事论事、就理从理，能够正确计划、妥当处置，你就不失为有见识、有作为的人。

秦末，刘邦起兵后，萧何担任他的后勤部长，负责后方粮草供给，未有一次令刘邦失望。萧何每到一处，十分注意搜集当地的法令簿册、图书文献，而不像其他将官那样忙着抢掠财物。刘邦当上汉王后，请萧何担任丞相。其时，项羽和一些诸侯杀死秦王子婴，烧毁咸阳城，然后扬长而去。刘邦之所以知道天下各地的要塞，形势强弱的地方、人民痛苦的事情，就是因为萧何获得了秦朝的全部地图、文献等资料的缘故。

刘邦入关后，在张良的劝谏下，封存秦朝宫宝、府库、财物，还军灞上，以待项羽等各路起义军。在此期间，刘邦集团还实施了一系列极有远见的政治措施。刘邦召集当地的人民，对他们宣告说："乡亲们，你们在苛酷的秦法之下生活，痛苦很久了。秦法规定，如果人民有诽谤朝廷的，就灭族；人民有相聚谈话的，就是犯弃市死罪。我和诸侯有约，先入关的，就为关中之王。现在我当为关中之王。今天我要和乡亲们约法三章：杀人者，死；伤人者，抵罪；盗，抵罪。此外一切秦法，完全废除。官吏都依原来位置，全不迁动。"

秦国人听了“约法三章”大喜，争先恐后带上牛羊酒食献给刘邦的军士。刘邦又谦让，不肯接受所献食物，民众们更为喜悦，唯恐刘邦不做秦王。这些安民措施，为刘邦争得了民心。对于他日后经营关中，并以此作根据地与项羽争雄天下，奠定了良好的基础。

不畏浮云遮望眼，只缘身在最高层。成功者需要站得高、望得远，要善于掌握事物的发展规律，按照事物的连续性、因果性的联系，预见它的发展趋势。而且事物是多变的，要根据其时间、地点不同以及整体利益与局部利益的差异来作出战略决策。这需要有综观全局的战略头脑。天玄子说：“就事计事，就事理事，因事策划，因事立功的人是行为谨慎的人，不是深谋远虑的人才。有深谋远虑的才能，就能计事于未来之中，理事于未形之中，决策于未萌之中，立功于未知之中。一个人策划出的谋略，令天下人都看得出，识得破，那么，这个谋略就不是上等的谋略，这个人才就不是上等的人才了。图谋大计的人，必须有高瞻远瞩的见识，有详尽周全的措施。”

有几十年的眼光，可以建立几十年的事业；有千百年的眼光，可以建立千百年的事业。只争一时之得失，只料一时之成败，逞强好胜于一地，作威作福于一方，不是见识远大、深谋远虑，它只能祸害自己，贻害后代。

那么，怎样才能做到深谋远虑呢？

1.事前多思考

未雨绸缪方可获得成功。不打无准备的仗，不做无准备的事。理智不是要等到困难来临的时候才用的，而是要运用理智来预测困难，并且在遇到困难的时候运用理智来化解。枕头是个不会说话的女巫，与其因心头有事不能成眠，不如把事情解决再睡个踏实。有些人总是在事后才作思考，那样只能为自己的失败找一个借口，绝不会让你成功。还有人事前事后都不思考，那他就绝对没有成功的机会。人的一生都是要在思考中度过的。事前要有所预见，遇事要多思考再作定夺，有所准备就不怕失败了。

2.遇事要谨慎

有勇无谋的愚蠢之人总是仓促鲁莽行事。他们头脑过于简单而不能预见潜在的危险，也不担心自己是否会声名狼藉。明慎之人行事必小心翼翼，他们总是三思而后行，以确保平安无事。虽然命运之神有时会特加恩赦，但明慎之人知道鲁莽急躁必然会导致失败。过河时，若不知道河水深浅，就应当试探性地向前走，小心谨慎才不会出问题。做事耳聪目明，小心翼翼，才能稳妥持久，走向成功。

3.凡事要仔细权衡利弊

缺乏思考是导致失败的根本原因。大多数失败者对事情的思考总是模棱两可，无利亦无弊，所以也就不肯在一件事上下太多功夫。有的人思考问题总是本末倒置，该重视的大事他无动于衷，不该重视的小事却忙忙碌碌。有些事情我们要仔细权衡斟酌，在脑里把它记牢。凡事多权衡利弊是聪明的做法，特别是遇到可疑之事一定要详察，只有这样才能透过现象认识本质，这样的思考才能裨补阙漏。

迅速决策产生迅速的影响力

如果你是公司里的高层管理人员，迅速制定决策是很重要的。然而这并不是说必须随时都要迅速作出决定；有时候，拖延也可能是最佳的决定。例如，当部属拿了一个要求采取行动的问题向你请教。也许你当时确实还没拿定主意，你往往会这样回答："不错！我们明天再讨论它吧。"

多数情况下，第二天我们确实会讨论它，但是到了第二天，问题的性质也许有了改变，甚至变成根本不再是一个问题。那么这时候拖延也可以使每一个人有机会从不同的角度审视问题；匆忙的决策反而可能把我们推向错误的路径。然而并非事事都可拖延，有的时候除了迅速行动外，别无其他选择。

重要的是，管理者必须知道，拖延是否有利于收集事实资料，直至可以制定更正确的决策，这本身也是一种决定。任何喜欢采取“确认问题，观察有关事实，推演各种选择方案，然后选定最佳行动”这一系列决策步骤的管理者，都希望能有充裕的时间。当然，这一步骤进行得愈彻底，所做决策的质量愈佳。

在有些情况下并不容许你有充裕的时间去考虑什么是最正确的决定。即使在这种情况下，除非是事情紧急，高效能的管理者还是会尽可能地收集资料，并与别人磋商。他甚至可能同时采取两种不同的措施，然后在情况变得较为明朗时，消除其中一种。他不能拖延，他必须有所决定，这样的决定是最明智的。

有些在管理岗位上打拼多年的人总是能在瞬间作出较为准确的决定，这让很多年轻的管理者感到疑惑。那么他们是采取了正确的方法还是仅凭直觉呢？当没有时间去整理资料和推演各种方案时，有经验的管理者会从他的记忆库中寻找类似的情况。他知道在某种情况下，可能会有哪些问题。只要能抓住大概，他就知道如何处理；因为之前的这类问题，就是采取这种措施解决的。

当然这种经验主义在某些时候是有一定的危险的，就是有经验的管理者可能因为过于依赖以前的经验，以致未能采取解决新问题的新方法，未能抓住新机会。

一般情况下，只要时间允许，优秀的管理者都不会匆促做决定。他们都是按照决策制定的步骤，一步一步地推演。他们也确实制定了好的决策！

管理者的日子充满了各种决定。分清事情的轻重缓急是一种决定；分派何人去做何事也是一种决定。在此，我们要再度强调管理者的规划和组织技能：全盘的规划愈好，燃眉之急的决策就愈少，这就像下棋一样，一定要全盘考虑。

有这么一位非常聪明的年轻人，因为上司认为他不会制定决策，而得不到管理职位。当他走进高级主管办公室去接受事先细心规划好的审查方案时，他那副样子真是叫人可怜。高级主管说：“这三个方案，哪一个最好？”这位可怜的年轻部属看了一遍之后，完全分辨不出好坏，最后推给上司决定。我曾听到一位领导说起某个人时说道：“我所以会在一分钟之内就决定提升他，完全是因为他有决断力。”

有些管理者直到被逼无奈的时候，才会有所决定。被逼迫作出的决定实在谈不上是一个决定，而是“束手就缚”。

在平常的工作中，管理者可以借着让部属参与决策制定的过程，而培养他们制定决策的勇气。这可以称为推销参与式管理。鼓励别人在会议中提出他们的建议，让他们亲自看到和听到评价的过程，让他们看到决策是如何形成的。让人们看到决策制定的内情，对于人才的培养非常有帮助。

有的管理者认为单靠自己就够了，不必再与别人磋商，他们完全误解了参与过程的作用。这一过程虽然是由管理者采取自由的方式来领导，最后的决定权依然属于他。然而事实上决策是可以借着管理者的引导，而由一群人共同制定的，在这个过程中多方受益。这种方式不是在剥夺管理者的影响力，而是在增加他的影响力。

高效能的管理者不能优柔寡断，否则影响力会削弱。

让远见成为你的人生财富

对未来能有个清晰、明确的看法，是现代领导者富有远见的表现，它绝对是领导者不可缺少的影响力。因为远见能决定领导者的工作能力，它能描绘出未来的具体样子，指明前进方向，点燃工作激情，驱使人们不断地进取。如果哪一位领导者没有远见，只能目光短浅地看待问题，那么他就什么也做不成，最终什么事儿也不会成功，充其量只能在原地打转。

为了你拥有非凡的远见，就要认真地理解远见产生的源泉及意义所在。

远见不是靠施舍得来的。

需要一个人拿出远见的时候，别人是帮不上忙的。远见是无法向人购买、乞求和借用的，它必须在一个人的内心产生。

如果你欠缺远见，就必须从实际出发，学习知识，放眼世界、放眼未来，勤与人沟通，去获得这种能力。如果这样还是体会不到自己的远见，就设法找一位富有远见的领导，在跟随他的过程中，慢慢地去体会他是如何获得远见的。日本企业家出光佐夫的远见思想值得每个人学习。出光佐夫指出，在遇到挫折时先不要慌乱，要想方设法分析问题的实质及对策。

关于远见的作用有以下几个方面。

1.远见能满足人们的需要

远见并不是像有些人所认为的那样，是一种凭空产生的毫无根据的遐想。事实上，它是从领导者亲身经历过的事情和周围人们的经验中，通过总结融合而成的。与任何一位领导者交谈，你都可以发现，其远见往往是建立在个人经历的基础上的，经历越丰富，远见就越有说服力和可信度。

远见的影响意义是无比深远的，它超越了个人能力所及的界限，引导人们达到一个令人神往的境界。而且，如果它真的有价值，就更能激发人们的内心渴望，正如出光佐夫的清晰预测，不仅给他本人及公司，乃至整个日本都带来了希望，这正是人们所需要的。

2.远见让你不断进步

如果一个人没有远见，也就没有了对成功的渴望与梦想，对未来也就失去了进取的动力，即使他现在小有所成。但是，将来他会止步不前，无法攀登上成功的最高峰。所以，从现在开始就必须克服你的惰性，大胆地预测你的明天，给自己一个追求的目标，这样你就会有动力，做事情也不觉得迷茫了。

3.远见具有很强的吸引力

远见最有价值的特色之一，就是它像一块坚固的磁石，具有吸纳和联合他人的强大作用。同时，它也能鼓动财力及其他资源的愉快投入，让别人紧紧地围绕在你的周围。远见越宏伟，就越能激发自身的内在潜能；远见越具有挑战性，就越能激发参与者的拼搏。珀拉罗伊德公司的创始人艾德恩·蓝迪就说过："你的首要任务就是使人们感受到远见的重要性及不可或缺性，这将把每个胜利者内心的无穷动力激发出来。"

此外，远见所规划的目标能否顺利如期实现，并不一定是百分之百的，很可能最终失败。依此看来，那些胆小怕事不敢承担预言失败的人，是不可能完全表达出自己的远见的。所以，你要想培养自己的远见，首先得做一个勇敢的人。在前进的路途上，遇到挫折，要勇敢地战胜它，坚信自己总有一天会取得成功。

先人一步，磨炼你的先见之明

现实生活中的先见之明将给我们的生活带来极大的价值。先见之明告诉我们可能会得到什么东西；先见之明召唤我们去行动；先见之明带来巨大的利益，打开不可思议的机会大门；先见之明增加一个人的影响力，越有先见之明，就越有潜力；先见之明使工作轻松愉快，令人生充满乐趣。

先见之明者，就是眼光为别人所不及，就是睿智为别人所不及，就是冷静为别人所不及。先见之明所以重要，是因为没有它就会犯错误。人无远虑，必有近忧。先见之明能帮助我们避开面临的危险。它基于对现实的准确判断。一个人有先见之明，他就会少走弯路。少走弯路，自然能够较快成功。

看得远，才能走得远；走得远，才能做得远。

毫无疑问，工作中需要内心有所准备和先见之明的能力。对自己的工作和上司的工作能了解，在职场上就有先见之明，任何事情若能抢其先机，成功的把握自然会大一些。

在大城市待过的人，大都有这样的体会，周一早上乘坐公交车上班，人多车挤，十分难受。可是如果提前 10 分或20 分钟乘车，情形或许就不同了：不仅乘客没那么多，而且有时还会有空位，在车上还可以看看报纸，只10分或20分钟之差，即有这么大的区别。

工作有时好像这种乘车的情形，任何时候都要抢先一步，这是成功的捷径。

你要有洞察先机、先于他人的能力，这样才不至于落败。

听古代剑术名家的故事，常有“在刀尖三寸前躲过”的描写。对方挥刀砍过来，刀尖快触到自己身体的一刹那，闪身躲开了。

可是对方也是高手，来势犹如闪电一般，要躲开不是那么容易。等到对方砍过来才考虑如何躲闪，是来不及的，必须靠直觉，本能地闪开才行。不过，这些要靠长期磨炼才会有灵敏的直觉，在潜意识中，对方的一举一动都要明白于心，不必等到对方开始行动才想办法应付，不然在真刀真枪的世界是站不住脚的。

经营事业同样如此。无论什么时候，公司都在激烈竞争的漩涡中，为了不在竞争中倒下，必须将对方的想法、动向摸透。

“遇到这种情形的时候，这个公司一定会采取这样的对策，那个经营者的想法是这样……”如能料事如神，才能够做到“我们公司应该用这个办法应付；他们那样我们就这样”，事先有心理准备，公司就有应变的措施。

如果待对方采取行动才来研究对策，在这个变化多端、竞争激烈的时代，是注定要落伍的。要事事抢先一步，料敌于先。

把竞争当成真刀真枪的决斗也是必要的。真刀真枪地决斗，只许赢，不许输，输了脑袋就没有了。这个要求，虽然苛刻了一点，但是要做一个成功的经营者，就必须往这个目标努力。同时，也要在激烈的竞争中找出乐趣，好像玩蹦极的游戏，越紧张、越刺激，就越乐趣无穷。

你想永远领先，就必须处处争先，时时争先。先人一手，先人一着，而又不停止在这一手、这一着上，即使他人奋起直追，却仍然保持着那段距离，你总是处于领先的位置。这样，不管面对什么工作，也都可以胸有成竹，应付自如。

恋爱婚姻篇

第 10 章

给恋爱布好局，情场不输人

女人应该明白，在男人面前一味地逞强只能让事情变糟。事实上，女人只要得到丈夫的忠贞和疼爱就是最大的幸福和成功，何必事事争强好胜呢？

主动出击，果断抓住你的爱

人们常说，幸福掌握在自己手中。然而，受传统文化的影响，不少人认为女人就应该温婉矜持，就应该被男人追求。因此，女孩追男孩，被斥为不正常，不合规矩。不少女孩都有这样的困惑，那么，作为女孩，当你遇到一位自己倾心的男孩，怎么办呢？是故作矜持，等待机会？还是鼓起勇气，主动出击？

孙夏燕大学毕业后应聘到一家银行工作。与她同在这家银行上班的华明是一个比她大3岁的男生。华明浓眉大眼，风度翩翩，事业心强，人品也好，十分热爱体育、文学。孙夏燕也爱运动，同时喜欢文学，二人很合得来。他们经常在一起谈论文学，滔滔不绝。渐渐地，孙夏燕爱上了华明，她也知道华明没有对象。

但是，孙夏燕却一直不敢向华明表白，她期望华明能知晓她的心思。不久，华明在一次同学聚会上认识了一位长相酷似孙夏燕的女孩王晓雪。与孙夏燕不同，王晓雪的性格爽朗明快，并且疯狂地爱上了华明，她对华明频频发动爱情攻势。

终于有一天，华明把王晓雪作为自己的女朋友介绍给单位的同事，孙夏燕惊呆了。那一刻，她的眼泪夺眶而出。

作为女孩当你遇到喜欢的人时，不要故作矜持，勇敢一点，主动追求也没什么不可以的，否则，任凭喜欢的人从你身边擦肩而过，只能一个人悲伤，暗自后悔了。

其实幸福就掌握在自己的手中，但现实中有不少女孩，虽然明知道爱情来了，却因为有这样或那样的顾虑，从而错失了良机。敢于用女人的智慧、勇气来追求幸福的女人，更有能力找到心仪的另一半，与他过快乐的生活。

只要是遇上真心喜欢的男人，女人就该抓紧机会，主动出击。要知道，这个世界上让你的喜欢的人可能并不多，聪明的女孩子要学会该出手时就出手，不要在光阴里蹉跎了年华、痛失了时机。

有一位男孩暗恋上了来公司入职不久的女同事，可他没有勇气向女孩表白，又不甘心内心爱的煎熬，更害怕公司其他的男同事捷足先登抢走了他暗恋的“白雪公主”。经过一番深思熟虑，男孩开始行动了。因为，女孩刚来，工作上的许多事都不太明白，得向同事请教。每当女孩工作上遇到什么困难，男孩就及时得体地问她“要不要我帮你？”或者以充满温情的口吻说：“你这么急不是办法，我来帮你吧！”——男孩在向女孩暗示对她的关心、爱护、体贴、好感，也在为他的求爱表白创造机会和培养感情。慢慢地，女孩喜欢上了这个心思细腻，又乐于助人的男孩。男孩一次又一次地付出，终于得到了女孩的认可。后来，男孩在一次与女孩下班回家的路上，大胆说出了，“我爱你，咱俩好吧！”女孩一脸的欣喜，点点头，同意了。

男女双方，在长时间相处中，如果觉得对方是你心仪的对象，你真心喜欢他，就要鼓起勇气，大胆表白，果断抓住你的爱。

练就一双慧眼，找准你的另一半

无论男女，同时被几个人追求的时候，往往会不知所措，陷入茫然。也许，你会发现其中的某一个还可以；也许，你会觉得其中有几个都不错；也许，你认为全都不中意。那么如何选择自己的另一半呢？这就需要你有一双慧眼了。

面对一个又一个求爱者，可能使你挑花了眼，也可能使你挑出一个幸福的伴侣。接受求爱是人生的一件大事，决不可轻率，要作一个理性的分析。

首先，考虑一下自己是否可以接受求爱。如果你还是一个中学生，或者有其他原因而不能承担起被爱的责任的时候，不要接受别人的求爱，否则会让你身心疲惫，活得很累。

其次，要仔细分析一下向你求爱的人的条件和真正的动机。求爱的人可能会有三种：

第一种人，动机纯正，为人正派，真心诚意地愿意与你建立爱情关系。这样的人也许你没有注意，而他却一直在观察和了解你。在他对你有了较深的认识和了解之后，他对你感到非常满意，于是向你求爱。如果他的外在形象、思想品质、工作表现以及生活态度，并没有引起你的反感，那你不妨把他当作一个“候选人”。

第二种人，向你求爱可能是很认真的，但动机不纯。引起他倾慕的只是你的漂亮、家庭条件好或者父母地位高等因素，并未注意你的感受，你的喜好、品位等，而且也没有考虑目前是否与你有发展爱情的可能，以及将来是否有共同生活的基础。对这样的人，决不可轻易答应。

第三种人，对你根本没有什么真正的感情，只是把恋爱当儿戏，以追求异性为消遣，甚至还可能有其他不可告人的目的。对这样的人，你不仅要坚决回绝，而且要提出严肃的批评，必要时还可以要求第三方出面帮助教育。

当你面对众多动机纯正、条件不错的求爱者而难以抉择的时候，应当主动听取家长和好朋友的意见。有时候，家人和朋友可能比你看得更清楚。

在你听取了家人和朋友的意见之后，还是有多种选择的话，最好选择自己比较熟悉的求爱者。一旦做出选择之后，你就要真心去爱。

有人向你求爱时，或许你的内心会感到一种满足和幸福，可是如果求爱的人并不中你的意，不是你理想的伴侣时，就又多了一份苦恼和失落：既想拒绝这一份爱情表白，又不想伤了对方的心，尤其是在对方与自己有深厚友谊的情况下。

然而，不管多么困难，不能接受的爱情总是要加以拒绝的。拒绝别人的求爱，要选择好方法和时机。

1.态度要坚决

拒绝难免是一种伤害，但不能因此而犹豫不决。向你求爱的人对你的言行自然非常敏感，如果你拒绝的态度不够坚决，很容易使对方误以为你只是表面拒绝，他会拿出最真的诚意来向你表示，此时，如果你表现出一副决绝，对方就会很失望，对他的伤害很大。所以，对你不喜欢的人从一开始就要态度坚决地去拒绝。

2.照顾好对方的面子

无论用什么方式拒绝对方的求爱，都要注意尽量减少对方的心理挫折，这样对方也易于接受。比如，不妨先对对方的人品和才华等加以赞许，然后说明你为什么不能接受求爱的理由；说出的理由要合乎情理，最好从对方的角度提出有利的方面，让对方觉得拒绝也是为了他好；如果必须给其他人做出解释，你不妨把问题归咎于自己，避免给人留下冷酷无情的印象。

3.选择恰当的方式

考虑你们之前的关系和对方的性格，可以恰当地选择面谈、电话沟通或发短信告知等方式进行拒绝。建议不要采用托人转告的方式，因为这样显得不尊重对方，还会使对方觉得在其他人面前丢脸，可能激起对方的报复心理。

4.选择合适的时机

时机很重要，不要在对方一表白时立即加以拒绝，此时对方很难接受；但也不可拖延太久，给对方造成误会。具体选择什么时机要视具体情况而定。

5.求助身边的人

如果对方开始无理纠缠，则应该向老师、家长或朋友求助，一起商量解决问题。

直抒胸臆，让爱情纤尘不染

两个人在一起就是要相互依靠，而不是彼此感觉活得很累。有任何意见就应该及时提出来，让对方知道你真实的感觉，这样双方才不会产生误会，才能真正地解决问题。

对于性情直率的人讲话要直爽。尤其是向性格直率的人求爱时，如果对方对你也有好感，那么他会先惊讶，然后感动于你的真诚。

对于有一定感情基础，或两个人早已互相倾慕，只需要“捅破那层纸”的双方来说，坦率地直抒胸臆，对方不但会觉得你真诚，也会觉得你是一个办事利索的人。有一段电影台词里说：“痛痛快快地说吧，不管你喜欢不喜欢我们这个地方，喜欢不喜欢我们这儿的人，喜欢不喜欢我？我就喜欢你！”

伟大的共产主义先行者列宁的求爱也是直截了当的。列宁在向克鲁普斯卡娅求爱时，直截了当地说：“请你做我的妻子吧！”克鲁普斯卡娅回答得更干脆：“好吧，那就做你的妻子吧！”

两个生活背景不同的人在一起，时间长了，矛盾在所难免，有了分歧，就一定要说出来。只有这样，才能把矛盾消灭在萌芽状态。毕竟每个人都是独立的个体，都有自己的喜好。因为性格不同，喜好不一，人们才会表现得不一样。

生活中的男女，开始交往的时候，双方都在摸索对方的个性、生活态度、生活方式。人们总是会说，“爱，就是要包容对方的一切”，可是这样漫无目的的包容，往往只有在热恋期以及盲目的恋爱中才能做得到。

我们不能期待对方一开始就对我们了解得透彻，知晓我们的各种喜好。因此，男女双方的了解，需要时间和不断的沟通。约会的过程，就是彼此了解的过程。发现对方身上有自己喜爱的优点，就全力赞美他，发现对方身上有自己无法接受的缺点，也要合理地讲出来。这也是约会目标之一。

很多恋人一开始如胶似漆，好得不得了，可是后来仍不免分道扬镳。有人说，这就是“因为好奇而结合，因为冲突而分离”。其实这种遗憾完全可以消除，只要在热恋的时候把自己的真实想法完整地表达出来，让他看到你的直率和诚实，尤其是在发生冲突的时候，一定要敢于把话说出来，让对方看出你的担当和诚意，这样，双方就可以一起化解矛盾和不快。

即使恋爱会冲昏头脑，为了保障恋情的恒久，我们也不能盲目接受所有相处中的不开心。把不高兴的事情都说出来吧，比如你不喜欢喝咖啡，不喜欢泡吧……这都无所谓，重要的是，你一定要找准机会，对他说出来。

不要每次约会明明很不舒服，却硬是要强颜欢笑，迟于言语，维持约会的好气氛。如果这样的话，可能等到热恋期一过，所有讨厌的事情会变得更加讨厌，连人也变得很讨厌，那就只能分手了。

爱情，是美好的、纯洁的，需要你直抒胸臆。恋爱中，心里不快，就要找准时机说出来，看看对方如何处理。如果对方一味地逃避、忽略，那么你可以判断出他对你的接受程度；如果对方是恭敬地倾听你的讲话，那么即便你们未来遇到更大的意见不合，也可能消除掉。你们之间会很少争吵，因为你们在热恋之初，就已经找好彼此处理这种意见不合的方法了。

在恋爱中我们要保持自己的一些特点，不论是优点还是缺点，每个人身上都会有，我们不必急着为对方改变什么，也许我们自认的那些缺点，却是对方欣赏的可爱之处，当然不包括一些不良嗜好。但是我们有必要让对方知道，我们喜欢什么或不喜欢什么，我们接受什么或不接受什么。

松绑爱情，多给他一点自由

爱一个人，开始时不要爱得很深。当你发现他优秀到足够你去爱的时候，也要有所节制。一个真正能让你动心的人，一定是个时时刻刻为你着想的人，而不是每时每刻都在索取你的人。如果爱有十分，那么你要控制自己只可给出五分。

在你见他第一眼就怦然心动以后，在你克制不住勇往直前的时候，一定要悠着点，一定要给自己留下后退的空间，一定不要把自己的一切向你并不是完全了解，或者说并没有对你敞开心门的人和盘托出。尤其是女孩，不要一开始就爱得死心塌地，忘乎所以。

女孩最大的不幸在于对男人了解得不透彻，她们总以为依恋他、关心他、惦记他就是爱他。殊不知，许多男人都不愿被女人长期纠缠着，恋爱之初，他觉得这是对他的一种关心，可时间长了，他会感觉很不自在，像被囚禁在牢狱里一样，此时，他就会产生一个念头——逃离。那么，女孩如何抓住男友的心，在恋爱中畅享轻松愉快？

1.不在小事上计较

郭瑞是个忠实、温柔、体贴的好男人，他非常爱自己的女友，一直对她照顾得无微不至，但现在他却不时地冒出和女友分手的念头。他痛苦地说："我们的感情很好，也没有第三者出现，只是她的爱让我感觉太沉重了。"她会一天好几遍地问："你到底是不是真的喜欢我？"更要命的是，她时常用一些生活琐事来衡量他们之间的感情，比如问她咖啡里要不要放糖，她会马上伤心起来，就像她那么了解他，而他对她却漫不经心，连咖啡里放不放糖都没注意到，弄得他很内疚。

不少男人认为，爱情不是生命的全部，爱得太深、爱得太自私、爱得占有欲太强，只会令双方都觉得疲惫不堪，痛苦万分。

女孩应该意识到，爱一个人不是为了占有他，健康的爱情应该是自然的、轻松的，多给男人一些理解和宽容，他会因你的明智而更加珍爱你，你自己也会因此而快乐。

2.给他独处的空间

豆豆的老公近来总是一副郁郁寡欢的样子，在她面前失去了往日的兴奋与热情，回到家不是看电视就是埋头玩网游，豆豆找他说话也是爱理不理，问他为什么不开心?他只是轻描淡写地说声：“没事，你别管我。”弄得豆豆很不开心，既心疼老公，又不知如何是好。

不少男人认为，女人心思细腻，喜欢唠叨，爱发问，甚至爱钻牛角尖。而男人很多时候会觉得自己的事自己处理，女人无须过问。

女人应该认识到，这是男人的一种心理减压法——把身子藏进自己的“洞穴”里，独自面对。男人之所以把自己藏在“洞穴”里，而不与人分享、沟通，源于男人的潜意识里有个想法：不愿承认自己是弱者，因为弱小而被别人怜悯。于是他躲进自己的“洞穴”中，如同鸵鸟把自己的脑袋埋在沙堆里一样。目的是寻找问题的解决之道，而不是向他人求助。这时候，聪明的女孩不要过多地去干涉他，要让他自己寻找解决问题的方法。

杨南最近与相恋 3 年的女友分手了。问其原因，他说那女孩把他看得太死，到哪儿跟哪儿，他真的无法再忍受下去，于是和她分手了。他说：“我要求并不多，只希望她能给我一点点自由。我希望周末可以换上运动服去打场球，而不是去陪她逛那些人山人海的超市；我希望和朋友在一起时可以毫不顾忌地侃大山，随便抽烟喝酒，而不是她在一旁紧紧地盯着，不许我做这，不许我做那。”

女人应该认识到，千万不要试图用自己的爱去绑架他人。若你爱他，首先要学会尊重他，适当地给他一点生活、时间上的自由，理解与关怀他，让他感觉到你对他的信任。

3.接受他短暂的逃离

娟子的男友苦苦追了她整整一年，娟子才和他确定恋爱关系。然而，近来娟子却觉得男友开始疏远她，有时几天不见面，一个电话也没有，与他当初追娟子时鞍前马后、热情有加的样子判若两人。但是一段时间不见面，男友又会很急切地想见到娟子。

男人们认为，无论怎样喜爱自己的女友，男人终归有自己的梦想，有时男人会害怕过度的亲密关系而失去自我，所以需要小小地“叛逃”一下，但他们迟早会回来的。

作为女孩应该怎么办呢？对于许多男人而言，恋爱中的男女关系，仿佛又重温了母子关系的记忆。在心理上，男孩要经历“依赖期”和“叛逆期”。先完成与母亲亲密连接的需要，然后是脱离母亲，进入独立的自我空间。这是儿童心理成长的规律。恋爱过程也是如此。当男人进入恋爱角色时，潜意识中是在恢复对亲密的需要，当亲密完成，生命会本能地想要离开那个爱的人，寻找自己的空间。这就是男人前热后冷、女人前冷后热的心理解读。“亲密叛逃”是健康的行为，做他的爱人，就要在心理上准备停当，来接受他短暂的冷漠的逃离吧。

恋爱有分寸，男女才幸福

恋人之间要给对方留出空间，给对方自由。恋人之间要想和谐相处，就要接受、尊重这个自由的空间。一个好男人应该清醒地认识到，人是独立的个体，没有哪个人可以真正地、完全地属于另一个人，即使相爱的人也是这样。

公园里，一位老人坐在长椅上，一副悠然自得的样子。他惬意地叼着烟斗，有时微笑着和路过的人打招呼，有时一个人静静沉思。老人有一个规律：每天下午 4 点左右来公园，在 5 点左右离开。

“您为什么每天都来这里坐一小时？”一个住在附近的青年人好奇地问老人。

老人微笑着说：“结婚五十三年六个月两个星期零两天的人，至少也有权利每天过上一小时的单独生活吧！这是我和老伴的共识。”

有位社会学专家曾经这样论述爱情：“相爱的人给予对方的最好礼物是自由。两个自由人之间的爱拥有必要的张力，这种爱牢固而不板结，缠绵而不黏滞。没有缝隙的爱太可怕了，爱情在其中失去了自由呼吸的空间，迟早要窒息。”每个人在生命历程中，或大或小总有一块属于自己独占的领地，承认、尊重和保护这块领地，是维持恋人良好情感的必要因素。

爱就是你手里的一捧沙，千万不要把它握得太紧。恋爱中的女人要给对方相对独立的空间，不要事事过问，时时都要知道他在哪里、做些什么，不要总是要求他和你同步，别计较他偶尔没对你说的心事，也别过多地盘问他的朋友等等。你可能只是出于关心，但他已经不是小孩子，很多事情他自己能够处理，等他不能应付时，自然会求助于你。有些文学作品把相爱的两颗心描写得“天衣无缝”时，请别忘记：在燃烧的木柴之间留出一些空隙，火才会更加旺盛！相反，如果时时刻刻毫无遮掩，完全显露在别人的注视之下，这种生活也许够真实，但绝对不轻松。

恋人之间能亲密无间自然是好事，但如果你的男友希望保留一个自己的空间，请你尊重并容纳它。男友会在这样一个空间里静静思考、完全放松或靠自己的力量解决一些事情，然后以更积极、自信的状态投入生活，同时也给你同样的自由。这段“距离”不会影响你们的感情，给对方一点儿自由、一份宁静，相信会有更高品质的爱。

做什么事情都要把握度，只有把握好度，你才能游刃有余，进退自如。爱一个人，五分足矣。太多的爱不仅仅会让你迷失自己，也会给对方增加负担和压力。

太爱一个人，会无原则地容忍他，慢慢地他会习惯于这种纵容，而无视你的付出和宽容，甚至会觉得你很烦，没有个性，甚至开始轻视、怠慢、不尊重你……

太爱一个人，你就像一支蜡烛，奋不顾身地燃烧，只为求得一时的光与热；待蜡烛燃尽，你什么都没有了，而对方却丝毫未察觉。

太爱一个人，他会习惯你对他的好，而忘了自己也应该付出，忘了你一样需要得到同等的回报——他完全被你宠坏了，不要以为你爱对方十分，他也会爱你十分。爱是不讲理由的，所以爱也不可能是平等的。

不要爱一个人爱得浑然忘却自我，那样全身心的爱只应该出现在小说里，这个社会越来越不欢迎不顾一切的爱。给他呼吸的空间，也给自己留点余地——飞蛾扑火般的爱情，正在进行时固然让人觉得壮美，但若它已成为过去时，你如何收拾那一身的伤痛？投入那么多，你能否面对那惨重的损失、破碎的心？

以示弱的方式演绎爱情的美好

女人要懂得“示弱”，它并不是让女人失去自我，对男人言听计从，完全存活于男人的眼色下，而是教女人如何更加轻松自如地掌控自己的命运，在点滴的感悟中活得幸福，它是女人的一种生活艺术。

女孩子第一次约会不要太过逞强，买单时不要坚持各付各的，除非你对于这个对象一点都不感兴趣，你们之间也不会有第二次约会，那么就付钱吧。

男人本来并没有那么无能，只是因为一开始女人就主动把约会的所有事情都揽过来，而且做得比对方好，从此彻底打垮他的自信心，也就不敢再碰这些事情了。

女人有时候还是得学会示弱，太过强势的女人总会让男人感觉到压力，有时候我们并不是故意的，可是态度总是有些咄咄逼人，其实许多时候并不需要我们好强地去做太多事，学会让男人来帮你分担，这样自己轻松了，男人也承担了责任。男人们都是惰性动物，很多事需要女人来调动情绪，男人其实耳根子很软的，女人们只要夸夸他，撒撒娇，男人们就会有求必应。所以，女人只要善于调动男人，懂得适时示弱，这样会让他更贴心，因为你对他的需要也是一种爱。

女人的示弱是要讲方法的，有四点需要注意：

1.别让自己过得太苦

好强的女人是非常辛苦的，这种好强常常让女人付出高昂的辛苦成本。试想想，在当今社会里，女人要想真正适应快节奏的现代化以求得较好的生存条件，本身就是很不容易的，因为她要摒弃人们对女人能力的偏见，还要克服生理上的局限，有的还要为家庭和孩子作出一定的牺牲，我很能体会到一个好强女人心底的苦楚。所以，她们就应该学会示弱，当然在职场上或陌生人之间是不能轻易示弱的，否则多年来的辛苦努力就有可能白费，最好的示弱场所和对象是家庭和老公，因为，老公是比较了解自己老婆的，他不会和你计较得失，更不会抢夺你的胜利果实。无论从利益和情感上来说，他都是你幸福的共同拥有者，回到家里就完全没有必要再逞强了——家务事大包大揽，适时地在老公面前撒撒娇和流流眼泪，享受下被人疼、被人爱的幸福，未尝不可啊！

2.顾及男人的自尊

有位女士每个月的工资都有五位数。可她每次和老公外出聚会的时候，都会说自己每个月会用掉老公多少钱，老公经常给她买了什么东西，而事实上她老公最近五年生意一直不太顺，而她却常常用自己的工资收入适时地“照顾”老公的生意，还故意在他面前说自己单位的效益不好，自己可能随时面临裁员，以后得靠他养着。老公很感激她，拼命工作，生意慢慢好转，对妻子自然也是关怀备至。可以看出这个女人的智慧，她这样做可谓是苦心孤诣啊！它在充分照顾老公自尊的同时，也保全了自己婚姻的稳定和幸福。

3.懂得享受生活

一个人的强大是需要用许多的时间来实现的，女人尤其如此。而所有人的时间都是固定的，你在成就自己强大的同时，可能失去了一些静心享受生活的时间和兴致。一个不甘示弱的女人，总是事务躬亲，太过注重事物的结果和影响，却忘却了欣赏当下的美好风景。然而，事实上我们的幸福都是隐藏在这些当下的风景里，人们每迈一步留下的脚印既代表着离成功的距离，同时也标明了此时此刻的心情。如果你是一个遇事就喜欢亲力亲为的女人，那么你还能有时间去静静地享受当下的幸福吗？

4.捐弃逞强的念头

女人只有懂得了示弱，才能真实地体会到男人的关心和爱护，享受到婚姻生活的温馨。如果任何事情女人都抢在前头，不甘于人后，这样，时间久了，男人会感觉到自己被架空，所以，女人在男人面前要懂得示弱。

作为女人应该明白，在男人面前一味地逞强只能让事情变糟，事实上，女人只要得到丈夫的忠贞和疼爱就是最大的幸福和成功，何必事事争强好胜呢？其实女人若是捐弃逞强的念头，男人就算是嘴上不说，心底里也会充满感激的，他会因为你的宽容和示弱更加爱你，因为大多数男人对弱小的事物都有一种保护和迁就的心理，更何况对自己的妻子呢？

女人要懂得示弱，绝不是让女人失去自我，对男人俯首帖耳，任何事情都听命于男人。而是一种审时度势、以柔克刚的智慧。这种智慧需要女人摒除逞强的念头，以示弱的方式演绎。

给他温暖，满足他的恋母情结

女人一生要扮演三个角色：女儿、妻子、母亲。每个男人都渴望得到另一半的关心，因此，女人扮演好母亲的角色，会让男女双方的关系更加亲密无间。

阿凡提今年23岁，大学毕业后，来到深圳找工作，经过几天的奔波，他终于找到了一份与专业对口的工作——软件开发。公司的福利不错，就是没有食堂，吃饭得到外面的饭馆去。中餐和晚餐阿凡提习惯到公司附近的那家川菜馆去吃。时间长了，阿凡提跟店里的服务员也熟悉了。

通过不断的接触，阿凡提喜欢上了一个叫阿美的服务员，阿美比阿凡提大十一岁，有一个10岁的女儿，没有读过多少书。在老家，由于阿美的老公经常赌博，经济较拮据，而且还经常打阿美，阿美受不了，就跑到了深圳。阿美虽是一个 10 岁女儿的母亲，但身材很好，脸蛋也漂亮，很快就在深圳这个人才济济的地方找到一份她自认为不错的工作。

在阿凡提的眼中，阿美成熟、温柔、美丽、善良、勤劳，总之在阿凡提看来，她是最好的，阿凡提无可救药地爱上了阿美。为了得到自己的爱，阿凡提开始向阿美展开爱情攻势，在阿凡提锲而不舍的追求下，阿美终于答应了阿凡提，做他女朋友，而且不久两人就同居了！

很多男人喜欢年龄比自己大的女人，而且这种男人越来越多。为什么会这样呢？这多半是因为他们的恋母情结。虽然这些男人已经成年，看上去很成熟，可他们在精神上一直无法长大，对母亲始终心存依恋。

俗话说，娶什么样的老婆影响三代。大多数男人的理想伴侣一定跟妈妈存在很多类似的地方，一个男人先想想交过哪些女友，那些女友是否性格、外表有许多相似的地方？

这种相似还给外人一种偏见："被某女甩了，故意找个长得像她的女孩弥补。"

这是怎么回事呢？又要搬出心理专家的"三岁定终生"说了。从幼年时代开始，妈妈就是我们意识的中心，母亲的气质、音容笑貌都在脑海中留下了无法取代的亲切印象。由此，我们总会被那些与母亲相似的人影响。

母亲的作用远远不止这些，她对儿子的态度也非常重要，这就是心理学家所说的"模式"问题。妈妈跟爸爸怎么相处，男人将来就倾向于怎么跟妻子相处。比如妈妈脾气暴躁说一不二，父亲唯唯诺诺。等你将来娶了妻子，也会非常尊重妻子，特别容易让步，处处包容妻子。

所以作为女人，想要牢牢把握住男友，就给他温暖体贴，满足他的恋母情结。

第11章

读懂女人那点心计，看破男人那点心思

恋爱很有些像拉锯战。一方热情上来了，另一方却显得有些冷淡（不如那一方热情），而当一方灰心丧气时，另一方却出人意料地“热情”起来。这就是“爱情力学”支配男女心理的奥秘。

甜言蜜语，用女人爱听的话影响她

恋爱中，女人为什么爱打扮，那是因为男人喜欢；男人为什么爱说甜言蜜语，那是因为女人喜欢。男人和女人都做着对方喜欢的事情来取悦对方，一个女人如果评价一个男人是个好人，其实这真的不是一种赞美，因为这样的好人大多数女人根本不需要。她们不会去喜欢一个只知道埋头做事，不懂得甜言蜜语的男人。

大多数男人在恋爱的时候是甜言蜜语的专家，恋爱中的男人即使生性木讷，不善言辞，也喜欢多说上几句赞美女人的话，让女人心满意足，难辨真假。都说恋爱中的女人智商为零，这几乎没有人敢大胆地站出来反驳。的确，当女人用情很深，在心爱的人面前无不表现得傻傻的。

男人对女人口吐甜言蜜语是必然的，但一定不能没完没了。要让女人听着心花怒放，明知道是谎话也愿意相信，但是不能让他听着乏味，阻止你讲下去。

恋爱期间，你就是要让对方即使知道这是一个陷阱也奋不顾身地跳进来。男人的甜言蜜语不仅可以表达出他内心的情感，同时也是双方良好沟通的条件。一定有很多这样的例子，当两个人眼看就要吵架的时候，如果有一人先开口，说两句好听的话，尤其当说话的人是男方的时候，女人一定不会再气焰高涨了。如果这个时候男方再趁机解释或者寻求谅解，事情就可以得到圆满解决。而如果你不那么想，坚持两人吵架，为什么先开口的总是我，总让我哄着她？那么，男人，我不得不告诉你，你的女友已经感觉受伤了。

也许你认为女人蛮不讲理，为什么她从来不先安慰我。其实女人们不是不愿意这样做，只是女人们都很爱面子，觉得男人爱她就该让着她、宠着她。其实，女人们聚在一起，谈论最多的无非是谁的老公谁的男友……她们渴望成为男人的“宠物”。这样说可能有点过分。不过，你可以想象一下主人对宠物的态度，套用《河东狮吼》的经典台词就是："从现在开始，我只疼你一个，宠你，不会骗你。答应你的每一件事情，我都会做到；对你讲的每一句话，都是真话。不打你，不骂你，相信你。有人欺负你，我会第一时间出来帮你。你开心的时候，我会陪着你开心；你不开心，我也会哄得你开心。永远，都觉得你是最漂亮的；做梦，也会梦见你；在我的心里，只有你。"

女人，总是期望得到男人的宠爱，享受被男人宠爱关心的感觉。无论她做什么事，男人都会支持；无论她有多难看，男人都觉得她是天底下最美的女人。其实，大多数男人都不可能表里如一地做到这些，但是如果有一个男人有勇气对交往的女人说出这样的话，那么他一定能得到她的芳心。

生活中，我们常常会听到很多婚姻不幸或是情场失意的女人感慨：都是当初头脑发热，相信了他的甜言蜜语。其实，这也就证明了一点，甜言蜜语对于伏获女人的芳心，真的是非常的有效。现实中，你也许会遇到这样的女人，她们频繁地换男朋友，大多数的理由却是"不懂情调，跟他在一起没意思"，"他很不懂生活"……如果男人你也曾经被这么拒绝过，你是不是该反省一下，是不是你忠厚老实的优点成了她们口中"不懂情调"的缺点。

男人在说甜言蜜语的时候，不要让自己看起来像个油腔滑调满嘴跑火车的骗子，你得扮演成一个浪漫温柔的情人，不是一个伪"富二代"。这点不要忘记了，态度不一样，说出来的话也会千差万别。你追的是老婆，与你过一辈子的人，没必要在她面前和盘托出，暴露太多的缺点。至于你身上的缺点，自己可以私下里克服、消除掉。让自己成为一个接近完美的人。

爱她就给她充分的独立权

作为一个男生，面对你喜欢的女孩子的时候，你给她最真的爱就是，尊重她的生活方式，让她自己选择。当女孩凡事亲自去做，能独当一面的时候，她就已经不再是那个小鸟依人的女孩，她有自己的思想，有自己的生活方式，有充分享受幸福的权利。

当一个女孩把男人和爱情抛开，独自去享受生活的时候，她是很幸福的，也是很了不起的。

在繁华的商业街路旁或商场大楼一层的茶座、餐厅里，常常可以看到这样的景象：临窗的座位上，几个白领女子一边惬意地喝着咖啡，一边大讲办公室的趣闻，或者悄谈闺中秘事，她们面庞生动灿烂，笑语清脆爽朗，在轻松、无拘无束的氛围中，女孩的思想得到了充分的绽放。

女性独立首先是经济独立，然后是爱情独立。女人以这样的态度和形象示人，让男人既惊讶又爱慕。于是，现代独立女性都不约而同走上这条路。

有一个古老的传说，真真切切地道出了无数女性的渴望：

年轻的亚瑟王在一次与邻国的战争中，不幸战败被俘。邻国的王妃见他英俊潇洒，不忍心杀害他，于是提出一个条件——要求他在一年内找到一个让她满意的答案，就会释放他；如果一年后没有找到让她感到满意的答案，亚瑟王要自己回来领死。如果不答应这个条件，亚瑟王就要被终身囚禁。

王妃的问题是："女孩最想要什么？"

这个问题恐怕连圣人也很难回答，何况涉世未深的亚瑟王。

信誉是男人的第二生命，既然已经答应了人家的条件，说什么也要找出答案来。

亚瑟王回到自己的国家，做了无数次的调查，他四处奔走，请教智者、法师、僧侣、商人甚至妓女，但是还是没有找到一个令他满意的答案。

这时，有一个神职人员告诉他，你可以去请教一个神秘的女巫，相信她会让你满意的，但是她喜怒无常，而且索取的报酬很高，普通人承担不起。一年的期限转眼就快到了，亚瑟王无奈之下，只好硬着头皮带着随从找到女巫。女巫似乎知道他会来，很快就开出了条件："我保证给你一个可以过关的答案，但条件是我要哥文娶我为妻！"

哥文是皇宫武士中最英俊潇洒的一个，也是亚瑟王最好的朋友。亚瑟王打量着眼前的女巫：面目狰狞、背驼如钟、牙齿稀疏、口气恶臭，还不时发出淫荡的笑声。他心想绝不能卖友求生，所以当下就拒绝了女巫，准备明天只身去领死。可是随从把当天的情况告诉了哥文，哥文有感于亚瑟王对朋友的义气，决定牺牲自己。他偷偷去见女巫，并且答应娶她为妻。

女巫言而有信，把答案告诉了亚瑟王："女孩最想要的是能够主宰自己的一生。"亚瑟王带着这个答案去见王妃，王妃欣然接受，释放了亚瑟王。

亚瑟王回国后，正逢哥文和女巫在举行盛大的婚礼，亚瑟王看到朋友为自己做了这么大的牺牲，又是感动又是伤心。所有参加婚礼的武士和宾客，看到女巫令人作呕的仪态和举止，都愤慨不已。

哥文却保持着绅士的风度，把自己的新娘介绍给所有的宾客。晚上入洞房，哥文依照习俗，把女巫新娘抱进新房，女巫羞怯地把脸转了过去。等到哥文把她放到床上，他赫然发现刚才的女巫，突然变成了一个容光焕发、美丽温柔的少女。

哥文忙问这是怎么回事，"为了回报你的善良和君子风度，我愿意在良辰美景恢复我的本来面目。但是我只能半天以美女姿态出现，另外半天还是要变回令人厌恶的女巫面貌，不过亲爱的夫君，你可以选择我白天和晚上分别以什么面貌出现，我一定照你的指示去做。"女巫回答说。

可以想象，哥文面临的是一个两难的抉择：如果老婆晚上回复天仙美貌，当然他可以抱着美人享受人生最美妙的体验；但是白天却必须面对周围朋友对丑妻的厌恶。反过来他却要终生忍受孤枕难眠的痛苦。

然而，哥文应该怎样选择呢？"亲爱的老婆，我觉得选择的结果对你的影响要比对我的影响大得多，你完全可以自己决定这件事情。"哥文想了一下，以坚定的语气回答。

“亲爱的夫君，全世界只有你真正了解女孩最想要的：主宰自己的一生。所以我要一天 24 小时都恢复原来的美貌来回报你。”女巫说。

任何人，任何时候，都不要丧失自己。在爱情中，独立对一个女孩来说非常重要。没有独立，就不会被尊重，就会被别人看不起。在享受浪漫爱情时，男孩一定要注意，给女孩充分的独立权。

贫嘴，让女人心花怒放的影响力

贫嘴会给生活增添乐趣，一个家庭，如果有一个喜欢耍贫嘴的人，那么这个家庭的气氛别提有多愉快了，家人之间也会时时充斥着欢声笑语。

小美结婚快六年了，尽管她承认老公有一大堆毛病，可小美仍然觉得他们的婚姻很甜蜜，琐碎而平淡的生活在小美看来是那么有滋有味。为什么呢？

小美的老公很粗心，老婆的生日、结婚纪念日总是忘在脑后。一天，老公回到家，看见桌上放着一个大蛋糕，竟不知是何缘故。小美说：“哦！你忘了吗？今天是你的结婚纪念日呀！”感动之下，老公对小美耍起了贫嘴：“等你的结婚纪念日到了，我也好好为你庆祝一番。”一句话，逗乐了有点生气的小美。

老公还懒得要命，一下班什么事也不干，一屁股坐在沙发上没完没了地看电视，可总不忘赞美一下忙个不停的小美，说一些“老婆你辛苦了”之类的甜言蜜语；想喝水也不自己端，只会对小美说：“美女老婆，我好渴，可怜可怜我，给点吧。”于是小美就心甘情愿地给他端上一杯水；小美穿好衣服要出门和同学朋友会面，他会上下打量一番，然后装出吃醋的样子：“打扮得这么漂亮干什么？又不是和我出去。”小美被老公逗得乐呵呵地出门，又乖乖地早点回家。

小美也会对老公耍贫嘴。小美的老公有睡懒觉的毛病，她从不抱怨生气，而是用“你这只贪睡的小猪”的话把他从床上喊起；老公因临时加班，回家晚了，小美就在桌上放一张字条，上面写着：“饭菜在微波炉里，啤酒在冰箱里，我在床上。”看着老婆的贫嘴留言，老公一天的劳累一下子消失得无影无踪了。

现在明白了吧？正是戏谑俏皮的贫嘴，让小美可以忽略老公的一切毛病，觉得与老公的婚姻生活充满情趣。

有人说：“男人不坏，女人不爱。”无论这话说得是否有失偏颇，但是有一点你还真否认不了，那就是听了这话的人，无论男女大部分都会心服口服，即便有一小部分不服的，也不过是心服口不服罢了。当然，这里所说的“男人不坏”的“坏”字绝对不是什么道德品质问题，而只是男人的一种本领——“贫嘴”！

让男人着急，激发他对你的爱

让男人着急的女孩总是让男友更加疼爱，恋爱中，面对男友炙热的感情，女孩总是采取这种躲躲闪闪的态度，让男友抓狂。

在恋爱中，女人总是喜欢给男人一个期望。

“珍，今年冬天我们一起去滑雪好吗？”

“呵呵，我想想再告诉你。”

夜晚，在公园里散步时，当他突然想抱住她的肩头时，她轻轻一推，半嗔半怒地说：

“你想干吗，我还没同意呢？”

在海边，她站在一块岩石上，冲他微微一笑，那眼神分明在说，来呀，你快来呀。可是，当他兴奋地朝她跑近时，她却又跳到另一块岩石上，脸上仍然带着微笑。于是，男人感到茫然，不知她到底是不是爱自己。

类似上面这样的“心理剧”在生活中是屡见不鲜的。女性为什么喜欢这样让男人着急呢？

有人认为，这样做会给女人带来快乐。女人的心中似乎是有一种让人着急而自得其乐的近似虐待的“魔性”。这种说法也许是对的吧。海涅说：“女人，有几分是天使，有几分是恶魔，谁人知晓！”雨果说：“女人是彻头彻尾的恶魔。”这两位文学大师如此支持“女性恶魔论”，也许他们年轻时为女人曾吃了不少苦头。

但是，也有人认为，如此这般恶意地解释女性的这种心理是不公正的。应该为女性辩护：女性生来就有一种自卫的本能。而且，她们大多娇羞内敛，在乎女性的尊严。所以，她们的有些举动不免让男人着急。

诚然，非难和辩护，二者都未免有失偏颇。那么，应该在哪里划定一条公平的界线呢？

恋爱很有些像拉锯战。一方热情上来了，另一方却显得有些冷淡 (不如那一方热情)，而当一方灰心丧气时，另一方却出人意料“热情”起来。这就是“爱情力学”支配男女心理的奥秘。把这种原理深深理解并加以运用的，多半是女性。男性虽然有时也懂这个原理，可一旦恋爱了，他们就往往不会很好地运用这个原理。男性总是表现出过分的焦急，恨不得一下子得到她，殊不知，欲速则不达。

另外，通常人们认为求爱是男人的事情，而女人要想得到男人的求爱，则不得不在被动中对男人有所刺激和诱发，这也使得她们的行为复杂化了。

“纯洁的恋爱难道还需要什么技巧吗？！”

持这种观点的人，也许他们还稍稍欠缺一点恋慕女性的资格。要知道，女性是何等看重爱情的。拜伦告诉我们：“男人把恋爱看作人生的一部分，而女人则把恋爱看作她人生的全部。”因为女性看重爱情，才会使得她们运用各种小伎俩，为的是能够抓住男人的心。

“坏女孩”对男人的影响更深

太温顺的女孩，容易被男人轻视，他们觉得温顺贤惠的女孩一定不会离开自己，从而会忽视女友的感受。要让男人全身心地爱你，就不要做一只温顺的小羊羔。不妨做个让男人爱恨交织的“坏女孩”。

很多女孩子善解人意、为人随和，注重内在修养、认真对待感情，可是却一直找不到心仪的男朋友？而人们眼中的那些“坏女孩”却是感情路上丰富多彩。这是为什么呢？如何做一个让男生喜爱的“坏女孩”呢？

1.装扮自己，以良好的形象示人

无论你信不信，男人都爱美女，他们都是“视觉动物”。这其实很好理解，和一个陌生女人接触，当然会首先注意她的外表。都说没有丑女人，只有懒女人，大多数漂亮女人并非天生丽质，而是靠精心妆扮出来的。很难想象，一个素面朝天、不修边幅的女人是对自己负责的，女人如果你不对自己负责，那么还指望别人怎么尊重你呢？所以，作为女人一定要把自己打扮得漂漂亮亮，以良好的形象示人，这样你会得到礼遇和尊重。也容易找到心仪的另一半。

2.正视现实，不自命清高

你是恨嫁女吗？你难道还在等待一个多金痴情的男人忽然爱上平凡的你么？你难道还在幻想你与他手牵着手谈情说爱，而不必理会吃喝拉撒这些俗事的恋爱么？你不妨平心静气地想想，要嫁给王子，那还得是公主呢——连童话都是这么讲的。当然也有灰姑娘嫁给王子的，可毕竟是少数啊。现实中的女人大多数只是平凡的个体，且不少时候面对的是生活的琐碎和无奈，而不是谈恋爱就得找一个多金又体贴的人，期待着有一天嫁入豪门，非此不可。所以，女人们还是要正视现实，不好高骛远，这样你就不会落入孤芳自赏的境地。

3.大胆说出自己的感受

不少女人在任何场合都一味地矜持，不愿多说一句话。是的，没错，你照顾别人的感受、你很少发表自己的见解。可是，很多男人喜欢的，并非是长久地保持沉默，一言不发。恋爱中，当男女双方发生冲突，女人若不去解释，不去据理力争，就容易产生误会，就不能化解矛盾。其实，大多数男人更喜欢那些懂得表达和善于沟通的女人。都说“谈”恋爱，可见，敢说话、会说话对一段恋爱有多么重要。

4.走出家门多交际

当今社会已经进入一个人际交往的全盛时期。作为新时代的女性，不要把大门不出二门不迈当成妇德。你足不出户、不与人来往，就没有人知道你的心思，没有人知道你想找个什么样的伴侣？当然，你也不要太依赖网络了，用聊天工具聊天和面对面聊天完全是两回事情，你会发现，两个在网络上相谈甚欢的人，在面对面时恐怕都不知该怎么交流……因此，想要谈恋爱，想要找到合适的另一半，请走出家门吧！

5.勤于学习，丰富内涵

爱情本身是一件让人快乐的事，没有人愿意和一个单调乏味的人在一起？你可能会说，书上不是说男人都喜欢女人简单一点、不要有太多心眼吗？当然，大多数男人是倾向于喜欢一个温柔善良，没有心计的女人。然而，一个充满自信的男人，他要找的一定是一个内心强大、活力四射的女性，而不会去喜欢一个什么都不了解，幼稚的平庸的女人。所以，女人一定要勤于学习，用各种知识充实你的头脑，丰富你的内涵。

做个“坏女孩”就要懂得修饰自己的形象，善于施展女性魅力，直面现实，敢于说出自己的见解，还要有明朗的个性，让男人觉得你与众不同；当然你也要不断地给自己充电，用知识提升你的品质，使男人欲罢不能，全身心地爱你。

要小心眼，你得到的会更多

真实的感情发生的时候，女人往往喜欢回避，这就产生了世间的痴男怨女，但是如果面对真实的感情表露得太过直接，就会破坏了这种隐秘的感觉。如果女人在面对自己喜欢的人的时候，采取一些迂回战术，既可能达到目的，也保住了女孩矜持的传统习性。

大多数女人往往会惺惺作态，喜欢耍小心眼，她们这样做完全是因为喜欢对方的另一种表达方式，女人的“故作姿态”意思是说：“我喜欢你，但这么快就表现出我的感情，怕让你觉得我太随便了。”

对于女人耍心眼的解释就是：为了保护自己而掩藏真实感情。

随着她对他的感情日益加深，她内心的防御堡垒逐渐坍塌，再不会向他耍心眼了。她开始与他谈自己内心深处的想法和生活中的甘苦，告诉他那些原本只会记在日记中的事情。要知道，女方对你的感情越深，就同你越亲密，也就越不会对你耍心眼。因为，她信任你，认为与你在一起很安全。如果你欺骗她，谎话连篇，那你永远也别想解除她的戒心。

其实，很多时候男人并不知道，女人想跟他索要一个承诺只是想让自己内心深处得到安慰。即使你的承诺是句空话！她也会毫无保留地爱你。当女人真正奉献出一切的时候，一些男人已经开始觉得女人是他的人了，爱理不理，用各种语言敷衍。所以，在现实社会中，女人一定要保持矜持，不可轻易地付出自己的一切！

恋爱就像是经营一项事业，也需要你运用智慧。盲目地去爱，一味地对他好，他未必就懂你的心。恋爱时，不妨多留个心眼，不可太痴情，只爱一点点就好，永远给自己留有余地。为此，你可以这样做。

1.永远不主动说爱他

有句名言说：“女孩永远不要让男人知道她爱他，他会因此而自大。”

2.控制通话时间

在接听男友或是在给男友打电话时，要说的事讲清楚就行，不可没完没了煲电话粥，因为没有男人喜欢喋喋不休的话痨女孩。

3.保持一颗平常心

很少有人一生只爱一次，不少的恋爱以分手告终，要以平常心看待欢聚与别离。没有了谁，日子还得往下过。好聚好散，千万别想不开，做出傻事，这只会使自己和亲人受伤害。

4.拒绝该拒绝的

恋爱中，女人没必要事事迁就男人。交往过程中，两个人都是恋爱的主角，女人要有自己的主见，该拒绝的还是要拒绝。

5.不在金钱上有纠葛

金钱是个敏感的话题，恋爱中的男女一涉及现实利益翻脸的例子很多。感情归感情，金钱归金钱，应该泾渭分明，免得到时不合适，分手时出现金钱纠葛。

6.不要太急迫地想结婚

太爱一个人就会想要天长地久，这时候就渴望起世俗婚姻了。一个劲地在男友面前提婚纱啊房子啊，把结婚的欲望明明白白地挂在脸上，这样只会吓跑他。如果对方想结婚，不用你暗示他也会去筹办。

7.未结婚前坚决不生育小孩

男女双方未结婚时，男人一旦决心离开你，是很难让他回头的，如果想用孩子来羁绊男人就太不明智了，你不仅不能让对方对你负责，还要去负责一个小生命，这样会给自己带来不少麻烦的。所以，女人在未结婚前，最好不要生育小孩。

8.不天天厮守在一起

爱情的寿命是有限的，要让爱情寿命长一点就要保持一个适当的距离。如果有了肌肤之亲，千万别摆出一副非他不嫁的样子。性是双方共同的感受，是感情的升华，而不是彼此的负担。

9.男友只是生活的一部分

三毛曾说：“我的心有很多房间，荷西也只是进来坐一坐。”要有自己的社交圈子，别一谈恋爱就和所有的朋友都断了往来，天天缠着男友，这只会让你的生活越来越狭窄。

10.不做林黛玉式的女人

去问问现代的男人，薛宝钗和林黛玉他们会选哪一个？现实生活已经很累，谁还有精力去哄三天一小哭、五天一大闹的林黛玉式的女友？

女孩一定要懂得爱护自己，别把对男人的爱看得太真。有时，不妨适当地耍耍小心眼，或许你得到的会更多。

第 12 章
影响有方法，让你们的爱地久天长

再真挚的感情也经不起猜疑。猜疑是一个可怕的心理误区和一片阴暗的沼泽地，一旦陷入，几乎不能自拔，使人失去理性，失去爱情与婚姻。

恋情“曝光”，不给他另结新欢的机会

不要以为找到了恋人，你们的关系就牢不可破、坚不可摧了。要知道即使结婚，如果把握不好，婚姻不幸福，夫妻也会分手的。我们找到了自己另一半的时候，如何牢牢把握住对方？这也需要一些技巧和手段。

当你在痛苦寻觅中终于遇到了理想的他，你会非常珍惜，可是，仅仅珍惜还远远不够，怎样做才能让他心甘情愿留在你身边，并让别的竞争对手望而生畏呢?你可以试着做如下的事情，让你的另一半不好轻易放手。

让所有人都知道你们俩是一对恋人，形成既定事实！比如，和他的朋友聚会时，直喊他的小名或你们的专用昵称，甚至亲密地叫他“老公”，或俨然好老婆似的帮他调整纽扣；在公众场合，摆出恋爱的甜蜜姿势，对他或你的朋友抱怨：“哎，他真像个小孩，每天只知道上班和事业，要是没有我，他都不知道怎么照顾自己了。”一边说还一边无限爱怜地看着他；偶尔打电话去他公司，叮嘱他同事提醒他注意休息，不要工作得太晚。有时，他加班，请他同事代为转达：“我做好消夜等他啊。”

如此一来，他要敢另结新欢，可能会招致始乱终弃、薄情寡义的恶名，成为众人声讨的对象，他承受得起吗？此外，另一个好处是还可以借助亲密关系公开化来排除异己，屏蔽其他人的觊觎，断了他另觅对象的后路。如此，在别无选择、也没候补人选之下，他只得乖乖地跟你走进婚礼殿堂了。

所谓“人多力量大”，你不妨利用亲朋好友的力量来共同推动你们的恋情向更深一步发展。比如，你可以讨好他的父母、拉拢他的亲人，让他们催促他：“年纪不小了，还不快成家，让我们早点抱孙子嘛。”或者放出你们快结婚的风声，让他的同事逼问他：“听说你们好事近了，何时请喝喜酒啊?”或者装出一副守着阳光守着他的痴情样子，让他的朋友看不下去，对他施压“是个好女孩，早早娶了她吧!”在众人关爱的眼神及询问

中，他一定会“应众人的要求”向你求婚的。

不时给他买一些小礼物，同时可以附上你的心意表白。比如，你可以买一条围巾送给他，对他说：“我就像这条围巾一样，永远围绕在你身边!”或者买一只玩具绒毛狗送给他，对他说：“我就像小狗一样，永远忠诚地守卫着你!”或者送一个漂亮的洋娃娃，在他耳边轻轻地说：“我希望以后我们的宝宝就这么可爱。”他的心肯定会一点点变得柔软。当他的床上桌上摆满了你送的各种小礼物时，最好能让他的朋友都知道这些礼物是你送的，这样就坐实了你俩的关系。

为了把他牢牢控制住，多动一些小心思，让他周围的亲戚朋友都知道你俩的关系。与他周围的人处理好关系，让他们变成支持你的力量。有一天，他即使不想和你交往了，也会有很多顾虑的。这样，你还怕抓不到他吗?

坦诚相告，不让他对你生疑

喜欢或者不喜欢，高兴或者不高兴，如何喜欢、如何高兴，最好都要用适当的方法把它表现出来。这样，我们才能让对方知道如何更好地爱我们，善待我们。

女孩子千万不要“什么都说好”“什么都无所谓”，好像高兴也无所谓、不高兴也无所谓，让别人真是不知道该怎么办。她永远保持一定的温度，没有特别的感觉要表达，反而会让对方觉得很累。

所以“野蛮女友”非常受欢迎，她其实一点都不难对付，喜怒分明，不用让男生在那里猜来猜去，就可以知道自己应该怎么做才可以让约会进行得很愉快，怎样做可以避免冲突。

试着把自己的感觉表达出来吧！这样，两个人的沟通会更顺畅，可以少走一些猜来猜去的冤枉路。

还有，在约会的时候最忌讳隐瞒现在的交往状况。你可能是另有情人的，也可能同时在和许多人约会，或者是你的态度就是还在选择，这些选择都是对的，但是一定要对你的对象坦承，不要在他的面前假装出一副只喜欢他一个人的样子，背后又对其他人做出一样的深情，等着消耗对方大量投入的感情和精力。

许多情杀的原因其实都是因为这样，被对方欺骗了感情、被搞得团团转，最后才发现原来自己只是被利用的对象，而不是被爱的对象。那种难堪与痛苦的感觉，在某些人身上被激发出来，很容易变成复仇的动力，这十分可怕也非常要不得。

谈恋爱谈到最后变成这种局面，当然不是爱情里应该有的。记住，在交往时，可以不坦白过去的情况，但是一定要真诚相待。

你对男友是否有这样一些不切实际的想法——他爱我，就应该了解我的愿望和需要，干吗还要花那么多时间谈论我想要什么呢?果真如此的话，你该检讨一下自己的想法。男女间最好不要玩猜心游戏。

相信很多女孩都有这样的经历，自己一副生气的样子，男友却莫名其妙地在一旁不断地问："你到底怎么了?"女孩总希望自己的男友是一个超感知能力者，不用说就能明白自己的心思，但这种人现实中不好找啊?

感情稳固的伴侣都有一个共性，他们从来不喜欢玩猜心游戏。两人相处中有任何事情让你感觉困扰，就要直接提出来，因为勉强对方去猜测你恼怒的原因，只会让事情越变越糟。

其实，遇到这种情况，最好把自己想要什么、苦恼什么、希望对方做什么说出来，不要一言不发独自生闷气，这样反而让对方无所适从而郁闷，并引发矛盾和冲突。但这并不代表所有的事情都要表现得过于直接。男友给小玲买了一只手镯，小玲不太满意，就直言不讳地说："这个手镯看上去有些笨重。"虽然她不是故意的，但男友却有一种失落感。所以有时候在说某些真话时，最好能衡量一下你的回答能不能被对方接受，但也不可过分地文过饰非。

增强神秘感就是增加吸引力

由于男女间的性别差异 (包括生理和心理) 而产生的新鲜、奇特、深奥莫测等体验，统称为神秘感。它在整个恋爱过程，乃至婚后夫妻生活中，都起着一种特殊促进和至关重要的心理作用。

男女间的神秘感激起双方的好奇，在这种好奇心的驱使下，双方要求接触并且相互探索。在接触、探索过程中，如果彼此欣赏、互有吸引，就会产生好感。在好感的基础上，通过进一步的了解，若相互发现对方身上许多闪光的地方，那么，爱情就会产生。如果异性间没有对这种神秘感的探索，那么，两人的吸引力便无从产生，也就根本谈不上爱情。

在恋爱过程中，使双方彼此失去吸引力的原因很多。它可以是单方的原因，如一方对另一方的嫌弃，从而激起了另一方的不满，也可以是双方的原因，如彼此的世界观不同，性格上不和谐，心理上无法相容等；还可以是客观的原因，如时间、空间上的隔离，使感情之花因缺乏浇灌而逐渐枯萎，也可以是心理上的原因，即两人间的神秘感消失了。

虽然恋爱过程，是一个相互了解的过程，能彼此认识、了解，应该是值得庆幸的，但是，了解得过于透彻，甚至一些不需了解的也知道了，使彼此的神秘感消失，则对恋爱没有好处。

任何人都应该有自己的私人的空间。因此，恋人间保持吸引力，首先要有自己的私人空间，从而引起对方的好奇，产生神秘感。

这种神秘感不是固定不变的，其内容一边不断地被对方所探究、所发现，变为不神秘的东西，一边又不断地被新的内容所充实、替换。而这种神秘感内容的更新，需要靠每个人不断地用知识、智慧来充实自己，一些徒有漂亮的外表、没有丰富的内在修养的人，往往只能够使人在感官上愉悦一时：一旦与他们相处久了，由于知识贫乏，思想没有深度，缺乏神秘感，便很快失去吸引力。所以，在恋爱过程中，除了加强自身的各方面修养外，还要注意不要过快、过于充分地将自己全部暴露，包括才能、特长、经历以及身体等等，要懂得适度原则，这也是恋爱的诀窍之一。

男女之间能够相互保持吸引力，是一种艺术，其具体做法远不止上述几点，希望大家能举一反三。但是，保持神秘感绝不是故弄玄虚，彼此隐瞒和欺骗，否则，会弄巧成拙。

为爱情加一点醋，他会加倍珍惜你

爱情少不了醋，没醋的爱情就像没有灵魂的生命。两个人相处得时间久了，感情不免渐渐转淡，聪明的你应该及时为自己的爱情加点醋，就像往一杯白开水里加点柠檬一样，爱情的美妙滋味不言而喻。

如果你的恋人认为你稳稳当当地会是他的人，或者以为你是没人追的穷屌丝，也许就不会珍惜你。那么，给他一点危机意识吧！通过朋友放话给他："有几个男生争着约你的女朋友一起玩呢。"或者，有意无意表现被追得很烦的样子，编造一些"艳遇"，聘一个"情敌"，演出对你穷追猛打、苦苦纠缠的情节，制造"竞标"假象，刺激他"抢标"。待他使出浑身解数击溃假情敌后，必定会更加珍惜你，把你当成手心里的宝。就像以前的西方人为了赢得美人芳心，不惜相约决斗来定胜负。只有经过考验的爱情，才能历久弥新；只有通过不懈奋斗的争取，婚姻的果实才会显得更甜美、更可贵。

泡泡是个性格内敛、心思单纯、感情丰富的女孩，自从结婚后，她就把自己的一颗心都放在丈夫身上，每天过着公司—家庭两点一线的生活。

泡泡的丈夫是某外资企业的市场部经理，人长得帅，身边也总有一群年轻漂亮时尚的女职员，泡泡的心便不由得吃紧。时常，丈夫回来晚了，泡泡便会忍不住联想：他去了哪里？是不是真的在加班？还是跟别的女子在一起……这样的联想在夜里总是疯了似的折磨着泡泡，让她睡不着，两眼望着墙上“滴答滴答”的挂钟，脑海里总是像放电影似的出现那些男人在外与女孩偷欢的画面。所以，她总是忍不住一个接一个地给丈夫打电话，是为了证实他的清白，也是因为自己独自在家太过寂寞。

次数多了，丈夫有了不满，因为有时他是在加班工作，有时他是跟朋友在一起，泡泡这样的“查岗”，让他在朋友面前很没有面子。于是他对泡泡说：“你该有自己的生活、自己的社交圈子，不要把所有的注意力都集中在我的身上。”泡泡听后愈加烦闷。

这天晚上，丈夫回来本来就够晚了，恰巧泡泡又在他的手机短信里无意看到一个女同事发来的信息，虽然只是简短的问候，可泡泡还是忍不住醋意和他大吵了一架：“你从来都不会给我发短信，却与女同事私下里玩暧昧……”在吵架的过程中，泡泡痛痛快快地把心中的不满全发泄了出来，那梨花带泪的样子，不禁让丈夫惊呆了。

吵过之后的泡泡冷静下来，看着镜子里自己满脸幽怨憔悴的模样，她忽然厌倦了，是呀，为什么要把自己变成一个深闺中的怨妇，为着一些不着边际的事跟丈夫吃醋、吵架，把日子过得一团糟？她觉得自己该有自己的生活了，与其一味地吃些不知名的干醋，不如也酿些醋来，让丈夫尝尝，不是有这样一句话吗：婚姻中适当地加些醋有利于促进夫妻情感。

泡泡的改变从第二天就开始了。

以前，泡泡的生活重心是家，是丈夫。现在，她会抽空约上关系好的同事朋友去逛街看电影。有男同事相约吃饭，泡泡也不会像以往那样，一口拒绝，她会微笑地接受，然后打电话给丈夫，用温柔暧昧的语气说：“老公，今天我有约，不回来吃饭了。”接着三五成群地去了餐馆。偶尔，有男同事发来问候的短信，泡泡知道他们的心思，却装作不解风情，只礼貌地回复，然后把他们的信息保存下来，以备丈夫“不经意”地查阅。

同时，泡泡还一反过去不参加丈夫朋友聚会的习惯，主动要求去，出门前穿上那条束腰的露背长裙，把长卷发散下来，任它们在肩头温柔地徜徉，再喷洒一点淡淡的香水。聚会时，丈夫的朋友投来赞许的目光，泡泡的目光便也迎上去，微笑示谢。丈夫在旁边看得酸溜溜，泡泡却在心里偷偷地乐。

渐渐地，事情就往泡泡当初设想的方向发展了，丈夫不再像以往那样漠视泡泡的存在了，他回来得也越来越早了。泡泡有时向他告假外出，他会忍不住侧面打听她去了哪里？跟谁在一起？如果泡泡回来晚了，他会主动请缨去接，同时笑言，要做一个负责任的“护花使者”，不可让自己的“花”被别人采了去。

听到丈夫这样说，泡泡就忍不住偷偷地笑。她这才发现，聪明的女孩，不是吃丈夫的醋，不是盯着他、守着他，而是自己酿点醋，让这醋味主动去影响他。

是的，适度的醋意就像调味品，能让生活多点酸酸的滋味，防止生活麻木症的发生。

读者们，你们不想试试吗？但是，一定要注意把握好量，多了，是苦；少了，是涩；只有不多不少，才是酸，才能酸在嘴里，甜在心里。

诚实宽容，恋爱双方才会幸福

热恋双方要坦诚，这样才会相互信任，才会充分地了解各自的优缺点，也就会爱得更真。如果遮掩自己的缺点，反而会让对方生厌。双方都要宽容，要正确看待对方的错误和缺点，不要强求完美，这样生活才会幸福。

猜疑、占有和嫉妒是三种不健康的爱情心态，是爱情的三大敌人。这三种心态常常使爱情蒙上阴影，严重的会使爱情之花枯萎、凋零，必须加以克服。

阿云是一个温柔体贴的女人，曾经和丈夫很是恩爱。可是，她却有一个喜好胡乱猜疑的坏习惯，最终毁了自己的爱情与婚姻。

结婚前，她的丈夫曾经有过一个女朋友，是他的大学同学。他们曾经深爱着对方，可是由于女方家人的反对和两人异地工作，最终忍痛分手。痛苦之后，在工作期间他认识了阿云，并在朋友的撮合下，与她结了婚，双方也很恩爱。后来，丈夫的前任女友又调回到同一个城市，阿云听说后非常紧张，害怕丈夫旧情复发。于是，她开始注意丈夫的一言一行，疑心重重。她经常偷偷翻看丈夫的钱包、公文包，想找到蛛丝马迹；有时还往丈夫的办公室打电话，以确定丈夫在不在单位；丈夫外出时，她会偷偷跟踪。丈夫逐渐觉察到妻子的种种猜疑行为，很是反感，觉得自己受了侮辱，对妻子的爱渐渐冷淡。他开始讨厌妻子的关心，讨厌回家听到妻子的盘问，于是向单位主动要求长期出差，回来后也常找借口不回家。妻子的疑心也因此越来越重。最终，他们离婚。

再真挚的感情也经不起猜疑的折磨。阿云无休止地盘问、调查丈夫，全然不顾丈夫的感受，把丈夫的离家当作印证猜疑的证据，最终导致婚姻破裂。猜疑是一个可怕的心理误区和一片阴暗的沼泽地，一旦陷入，几乎不能自拔，使人失去理性，失去爱情与婚姻。在猜疑者看来，自己的猜疑总是正确的，对方对猜疑保持沉默则被认为是默认或理亏，对猜疑进行解释则被认为是狡辩。这是一个死胡同。培根指出，心思中的猜疑有如鸟中的蝙蝠，他们永远是在黄昏里飞的，猜疑确是应当制止，或是至少也是应当节制的。因为这种心理使人精神迷惘，疏远朋友，而且也扰乱事物，使之不能顺利有恒。猜疑之心是我们应该警惕的。

小丽的丈夫是个事业型男人，大部分精力放在工作上，这也是养家糊口所必需的。可这样一来，对爱情和家庭的情感投入自然就少了许多。小丽原本是个喜欢幻想和浪漫的人，但整日面对的是哭闹不止的孩子和永远做不完的家务，而且疏于学习，与丈夫差距逐渐拉大。时间一久，心理便开始失衡了。她认为自己为家庭和爱情投入了这么多，丈夫却不爱家庭、不爱自己，肯定是爱上了别的女人。于是，她开始疑神疑鬼，丈夫一回家就问个不停，越问越怀疑，越怀疑越问，尽管丈夫一再发誓只爱她一人，她却根本不信。丈夫觉得小丽确实为了家庭牺牲了许多，自己应该多陪她，便努力腾出精力和时间来陪伴她，并经常偷偷地买礼物，想给她惊喜。可是，这下更是“欲盖弥彰”。小丽冷笑着说：“突然对我这么好了？在外面做了亏心事了吧？”丈夫顿时无言。

爱情中的猜疑有时候是因情感失衡引起的。一方对爱情投入多于另一方时，前者就会产生情感失衡，比如案例中的小丽。情感失衡的人常常抱怨自己投入之多，对方回报之少，对自己冷漠。抱怨之后，总是会归结到一种原因上：对方定是另有所爱。接下来的，就是到处搜寻证据了。喜欢猜疑的，一般多是女人。追求持久、热烈的爱情，是多数女人的共性，可是热恋结婚之后，一切会逐渐平淡下来，她们就会变得失落，并经常沉浸在对过去热恋的回忆之中。她们希望永远拥有这种爱情，于是加强对家庭生活和情感的投入，总是处于爱的饥渴状态。投入和期望越高，失望自然就越多，情感失衡便由之产生。把一部分精力投入到工作中去，可以有效地减轻这种失衡感，减少猜疑的产生。那些有事业、有信心的女性一般都是不怎么猜疑丈夫的。

要记住一点，不管爱情多么真挚，对方都可以有自己的隐私，不可能把所有的心思都袒露给你。人无完人，每个人都有自己的缺点，当你发现爱人的缺点后，应该宽容他，你才能得到爱人的支持和帮助，你们的婚姻也才可以恒久。

第 13 章

婚姻是女人的事业，如何成功找准另一半

对于子女，父母既要谆谆教导，也要及时提醒，因为子女们毕竟还年轻，经历得少，有些事看得不透。而父母恰恰相反，他们拥有丰富的阅历和经验，能为子女提供最有价值的参考和建议。

倒贴很平常，但要找对人

不少女人都信奉这样的话——女人干得好不如嫁得好。当然也有一些男人完全认同这个道理。然而，现在的女人越来越有主见，不仅仅停留在寻找钻石王老五，嫁入豪门，更看重潜力股，不惜倒贴，换取心心相印的老公。

现在，“倒贴”绝对是一个流行词汇，尽管有很多女人还不能从传统的矜持中走出来，还是接受不了倒贴，她们会难以忍受别人的挖苦和嘲讽。但也有一些女人认为倒贴很平常，因为幸福才是最重要的。

倘若有个好男人站在你的面前，作为女人的你又有什么资本去倒贴呢？

1.贴美貌

“我是美女我怕谁？”是啊，谁说“长相不能当饭吃”？一个女人长得貌美如花、形象可人，不读大学也可能前途无量。在这样一个娱乐为王的时代，什么选美啦，影视新星大赛啦，随便参加一个，你就等着钱来找你吧。达不到这个程度的女人，就开始想到那句话了：“婚姻是女人的事业。”于是，满眼就瞄着有什么好男人可以作为事业的。当然，美貌就是你的资本。

经常会听到有人感慨：“那个女孩多好看，可她旁边的那位实在是不敢恭维。”“怎么这样呢？这两个人一点都不配哟！”“美女怎么都喜欢‘青蛙’呢？”但你有没有想过，天底下的美女并不都是头发长见识短，你以为她旁边的那位真的是个无能之辈吗？不错，你看到的是他的表面，但你不知道的是美女看中的可是“青蛙”的实质啊。

看看吧，周围这种“美女野兽”配可不少啊！光彩照人的斯洛伐克超级模特阿德里亚娜却嫁给了长得实在不敢恭维的足球运动员克里斯蒂安·卡伦姆布；富有、漂亮、有才能的米兰妮嫁给了罗纳尔多；还有那个巴特兹，怎么也想不通为什么美丽的琳达会投入他的怀抱。所以说，长相俊秀的女人总是能找到事业有成的男人。

2.贴金钱

你现在已经有钱了，但是你喜欢的那个他还不能挣钱，那该怎么办呢？你完全可以在两个人的爱情里面多加点钱，又有什么不好呢？

女孩小芳和她的男友是大学同学，大学毕业后，小芳参加了工作，男友考上了研究生。男友读研的时候，小方自然赚得比他多，所以小方时不时地给男友买点日常用品，有时两个人一起吃饭也多数是小芳买单。小芳知道男友学习很用功，对自己也不错，将来肯定有个好前途，她这样做也算是长期投资吧。像小芳这样的女人是非常精明的。她看得很清楚，自己手上的男人是一只潜力股，而且很清楚他什么时候会增值。她的倒贴实质上是有回报的，只是以后更多的利润让她愿意先付出一点牺牲。

但是在你倒贴的时候，一定要首先把握好对象，你要确定在你面前的是值得你倒贴的男人。千万不要干那种赔了夫人又折兵的傻事。

父母把关，子女不误入歧途

“当局者迷”，恋爱中的人，容易被感情冲昏头脑，有时只能看见对方外表的好坏，至于人品、前途等内在的东西，一时难以看清楚。虽然父母亲的眼光不会是完全准确，至少他们在有些方面的眼光要比子女准确些。因此，年轻人在决定终身大事时，不妨让父母“把关”，将父母亲的意见作为重要参考，并没什么坏处。

从前的相亲结婚，父母亲的意见占有绝对的地位，有时与本人的意见相反，也只能听从父母的意见委屈结婚。如今社会的进步否定了婚姻上的父母之命，崇尚自由恋爱，这是可喜可贺的。但自由恋爱中，有时也有走到另一个极端的做法，即完全随自己的意，而排斥父母的意见。结果，一些人步入了歧途，以后便尝尽有如地狱般的苦楚。

秦琴长得漂亮，人又聪明，曾经在国外读书。按理说，秦琴可以找到比较理想的丈夫，可恋爱中的人，尤其是女人大都很“弱智”。当秦琴在一次聚会中碰到同样来自国内的楠时，便不顾父母的反对，与楠恋爱了，并很快两人同居。没多久，秦琴就发现：楠喜欢赌博还是个“酒鬼”，一旦赌输了或是喝醉酒就拿秦琴当“出气筒”。于是秦琴常常在电话中“哭诉”，老爸则耐心调解。他感叹，当时他就在电话中反对，可他离得太远了，没能遥控“把关”把住。

像这样的事情，生活中多得去了，年轻人经历的事情不多，尤其是遇到感情问题不能理性地思考。很多人固执己见，最终要吃下自己种的苦果。

小青是家里的独生女，她的婚姻，父母自然是要“把关”的。有一段时间，小青交往上一个有妇之夫。他以每天一封信的频率向小青示爱，小青也陶醉在他的“甜言蜜语”里。父母很快便得知了此事，他们严厉地对小青讲：“他有老婆，你不能和他交往。不然，就是毫无道德地充当了第三者！”一语惊醒梦中人！于是，小青对那个大自己好几岁的男人讲了一句她自己都挺感动的话：“我情愿你说你更爱你的妻子。”没有开始，就已经结束，小青欣慰地想，还好，我没有继续下去。

后来，小青又认识了一个外表英俊、年龄相当的男孩，但这个男孩一天到晚无所事事。他对小青说：“我们从普通朋友做起，以后再发展成为恋爱关系，再组建家庭。”小青鹦鹉学舌一般告诉老爸老妈，爸妈问小青这男孩是做什么的，小青一时回答不上来，二老看出问题了：“他年纪轻轻，却没有正当的工作，他靠什么来生活？他有什么资本来‘组建家庭’？有家的男人很幸福，可养家的男人多辛苦？你不能犯晕！连做普通朋友都要谨慎。”在接下来的交往中，男孩看出了小青父母拒人于千里之外的意思，不好意思上门，就让小青去他家。那天，小青第一次去了男孩家，到了那种很简陋的毛坯房，没有装修，里面的摆设很简单，只有一张破旧的床、一张桌子以及一些日常生活用品，没有电视机，仅有的家庭用品是一个取暖器……小青有些震惊！说实话，她还从来没有看见同龄的朋友有这种生活状态的。想起父母的忠告，小青庆幸没有做出让自己后悔的事，如果不听父母的话，和他一时冲动在一起，而他既没有工作、没有收入，也不上进，那不是要喝西北风吗？后来，小青友好地跟男孩分手了，这样做并不是因为她嫌贫爱富，而是因为小青明智地知道男孩给自己的爱，是一份不合格的爱。

对于子女，父母既要谆谆教导，也要及时提醒，因为子女们毕竟还年轻，经历得少，有些事看得不透。而父母恰恰相反，他们拥有丰富的阅历和经验，能为子女提供最有参考价值的建议，并能严防子女误入歧途。就算是讲究“门当户对”，也是为了让子女找到一个各方面合适的人。更重要的是，从旁观者的角度，父母更清楚子女的为人和个性，知道什么性情的人适合自己的子女。所以，想找到理想的伴侣，不妨让父母来把关。

通常，在你与某个男人正式确立恋爱关系的时候，最好把对方的一些情况和父母说说，有条件的话带他到你父母面前，让他们看看，帮你把把关，从而使你避免误入歧途。

直言不讳，大声说出你的爱

大胆说出你的爱，要知道幸福要靠自己争取，别指望别人施舍你！生活中，幸福是把握在你手中的，不论男女，如果你很喜欢一个人，并且认为他对你也有意思，那就主动点，否则时过境迁，徒增遗憾。

有个女孩暗恋上了一个男孩，男孩也喜欢女孩，他们是一见钟情的那种，但女孩没有表示，总觉得感情这事应该矜持一点，男孩也是很腼腆地提了一下，见女孩没什么反应，就将感情埋在心里。女孩见他没有过多的表示，也就以为是自作多情，所以，一切都埋藏在了两个人心里。10年过去了，男孩和女孩像好朋友那样保持着联系，只是谁也不敢提这份感情，女孩终于不想再埋藏下去，可她仍然开不了口，后来她接受了另一个男孩的追求。一次，在朋友聚会上，她点了一首张信哲的《错过你错过爱》给暗恋好久的男孩，然而，当歌声响起时，女孩已经成为别人的妻子。

人世间最痛苦的事莫过于此，那么，如何和喜欢的人交往呢？

如果你是个大学生，喜欢班上的某个同学，那么你就可以借机在某堂课上坐在他旁边的座位上，然后对他说："不好意思，上一节课我没来，不知道现在课上到哪里了。你可以把笔记借我看一下吗？"相信他不会拒绝你的。

下课之后，你可以向他表示感谢："真是多谢你了。我想请你喝杯咖啡，你看方便吗？"

如果他正好有事，或者觉得事情太小，不用谢的时候，你也不可因此就打退堂鼓，而是应该把约会顺延，千万不可放弃。

> 小艾是一家出版社的编辑，她喜欢上了社里的一个美编，虽说两人在一个单位，但一直都没有机会交往。同事就教她，你可以把你做的书，找他帮你设计版式啊、封面啊什么的。她想想也是。一次，他找到那个美编说道："何××，我有一本书原先设计的那个封面，我不太满意，我觉得你的设计风格跟这书挺般配，可不可以帮个忙呢？"一般来讲，你在工作上肯定了他，男人都会帮忙。于是，他们开始就这本书的封面设计讨论起来。一来一往，这本书的封面也设计好了，他们之间也熟悉了不少。

但是，如果你和喜欢的他不在一个公司，又该怎么办呢？你跟他是怎么认识的呢？是业务关系？那么继续保持业务往来，在工作的基础上再渗透到朋友当中。是朋友聚会？那就更好办了，要你的朋友帮忙，多聚几次，和他多聊聊。话题嘛，就先说说你们共同的朋友，另外，千万要注意他的兴趣爱好，你要做足功课。别忘了观察他还有哪些比较亲近的人，努力和他较好的朋友成为朋友。在和他交往期间，可以结伴去爬山、游泳、打球、踏青，跟他在一起简直就跟与自己的“死党”在一块儿一样，毫无负担，快乐得不得了！

如果你很想和他约会，你可能会抱着手机呆坐半天：“我要给他打个电话，然而……”心里犹豫不决，拿起手机想拨号码又放下，就这样反反复复，始终下不了决心。实际上，只要你勇敢地拨一次电话，事情就可能完全解决了，你也就摆脱了那种心急如焚、犹豫不决的状态。即使遭到拒绝，也没什么大不了的，人嘛，一辈子还能不遭遇点被他人拒绝的情形？

任何一个女孩子在被人追的时候，心理都是很复杂的。她也许很开心，但是又带着点惶恐，她对这个闯进自己生活的男孩子，有着欲拒还迎的矛盾心理，她不是故意的。不要以为她在考验你，她其实也在和自己斗争，她怕受到伤害。

不要怕你的主动换来她的反感，你不主动，她也不主动，爱情就不会发生。如果你开始的表白被她拒绝，那也很正常呀。不要气馁，谁知道这个女孩子心里在想什么呢？

也许你再表白两次，她就会被你打动，一个心地善良的好女孩是很容易感动的。

如果你受到一次挫折，就立刻离开，再也不去搭理这个女孩，把自己紧紧地保护起来，默默地舔舐伤口，在你痛苦的同时，殊不知，那个女孩子也正在心里遗憾、后悔呢！也许她会偷偷哭泣，后悔拒绝了你，再看到你漠然的眼神，她也很痛心，但是她却不会对你说，绝对不会请求你回来追她。你的过度的自尊，可能会伤害了女孩子敏感的心。

有的男生，就怕别人说自己什么死乞白赖，落下不好的名声。可是我觉得男生追求自己喜欢的女孩子，受了点挫折还继续对这个女孩子好，说明人家确实很喜欢，很有诚意，如果没成功，也不遗憾，并没有什么啊！谁让人家喜欢了？最讨厌别人跟着瞎掺和，也最讨厌那种自己没主意，过于在乎别人对自己看法的男生，活该这种男生找不到女朋友。

是男人就勇敢点，女孩子本来就感性，容易沉浸在爱情里。虽然你付出了精力和感情，而一旦你的真心打动了她，那么你得到的将是更多的爱。这样的例子，比比皆是。女孩子对自己的男朋友都是很温柔很贴心的，为了换来这份甜蜜，开头的辛苦算什么啊？而且大多好女孩都爱得挺投入挺专一的。所以，建议男生勇敢一点儿，去追求自己喜欢的女孩子，不要畏缩不前，犹豫再三。

嫁给一个男人前，要多方面考察他

物以类聚，人以群分。想了解一个人，不妨从他周围的朋友入手，你能全面了解一个人。尤其是对于你的伴侣的选择，更是要全面考察。那么，如何看清另一半的心呢?正面进攻太直接，我们可以通过间接手段来实现目的。

都说“女人的心，海底的针”，但男人的心更是琢磨不透，没有一个男人不爱装酷，没有一个男人会把什么事都挂在嘴边。

那么，你怎么了解他的心呢？直接问他吗？还记得《手机》里的严守一吗？这些男人，他们说的话有几句是真的，恐怕自己也搞不明白。要是哪天碰上这么个习惯说谎的男人，完全听他说，你会信吗？我们要从侧面间接了解对方，才会真实靠谱。

1.观察他的朋友圈

你的那个他总会有朋友吧，看看他的朋友都是些什么人。男人的朋友圈最能反映他的品位。你不可能喜欢他所有的朋友，但如果你不喜欢他大多数的朋友，那你就要考虑一下，他适不适合你。

2.听听他的异性朋友的评价

听听他的异性朋友是怎么评价他的。你与她们同为女人，想问题、看事情的方法和角度应该是差不多的，从她们那里，也许可以更好地看清他的本性。

女孩浅浅与一个跟男友很要好的女性朋友保持着相当密切的关系，他们亲如姐妹。女孩时不时地会告诉浅浅，男友是怎么跟他的朋友们形容浅浅的；也会告诉浅浅，他以前是什么样子的，他为了浅浅改变了多少；还会告诉浅浅，他做过的一些不好的事情。说得夸张一点，女孩就像浅浅安在他身边的一个监控器，可以从方方面面看清男友，更加了解他的过去。

3.看他对待工作的态度

想要知道一个男人的能力怎样，最简单的方法就是从他的同事那里打听了。虽说，你只能知道他生活方面的一些情形，但从某种意义上讲，男人对工作的态度就是对生活的态度。如果在工作上稍不顺心就逃离的男人，几乎可以预料，有朝一日夫妻关系出现一点点挫折，他也将一走了之。

4.听听他家人的评价

你跟他的关系到什么程度了？开始有嫁给他的念头了吗？到他家去看看吧。从他的家里，折射出的或许就是你们以后家庭的情况。看看他对母亲的态度吧！对母亲不好的男人，最好别跟他走得太近。男人对母亲的态度，最能说明他对女性的态度。还有，只要儿子不虐待母亲，做母亲的大多数都会把儿子夸得像朵花一样，那么你就有必要听他家里其他人对他的评价，看看他在家里究竟是个什么样子。

小幽说她跟前男友都快要结婚了，后来分手，原因只有一个：他在家太盛气凌人！一次，她去他家玩，他的小侄子正好在那儿，她就陪小侄子玩，谁知道他却说："走，走，走，不要跟大人捣乱，一边玩去!"把小侄子轰走了，满脸鄙夷的神态；然后，同桌吃饭时，小孩不小心把碗给打碎了，他就跟小孩大发脾气："你看看你，能干什么！吃个饭都要犯错!"那样子就像恨不得打他一顿才好。小幽说，看到他那个样子，就会想到如果我们结婚生子，他会不会对自己的小孩也这么厌烦，所以觉得他不会是个好父亲。于是，心一狠，就分手了。而她现在的男朋友非但不讨厌小孩，还乐意与小孩交谈，甚至趴在地板上与小孩一起玩游戏，还让小孩坐在他的肚子上颠着玩。以前的男友结婚两年后，因为孩子的缘故与老婆经常吵架闹离婚，事实证明，她的判断是正确的。

做一个柔情似水的女人

作为女人，你可以不漂亮，可以见识不广博，但必须要有温柔的性情。因为温柔能使你魅力四射，温柔能使你拥有和睦的家庭，更重要的是，温柔可以让你享受到人生无尽的幸福，更成为爱人一生的女神。

上帝创造女人最大的成功，不是赋予她们外表的天生丽质，而是一份女性特有的温柔。对于女性来说，这种温柔，是一种智慧，是一种境界，是女性独有的气质，是女性似水柔情的展现。温柔是美德，也是一种力量。它像春风一样吹散人们心头的忧愁和烦恼，给人们带来幸福和快乐；它又像清澈的溪水，浇灌着亲情之树和爱情之花，使一切变得美好和谐。

女性的温柔是一尊美丽的雕塑，它是由自信、幽默、宽容、丰厚一点点地雕琢而成的；女性的温柔像一块晶莹剔透的宝石，闪烁出耀眼的光芒，这灿烂的光芒，照亮了整个世界。女性因为温柔而变得可爱，生活中因为有温柔的女性而变得绚丽多彩。这个世界之所以如此美好，就是因为有温柔女性的点缀。

在日常生活中，同样是女性，而温柔的女性，却要比一般的女性更容易获得人生的快乐。在平平常常的日子里，性格温柔的女性，日子会过得有滋有味。她们的一言一行，一颦一笑，一举手一投足……尽现女性温柔本色。她们的兴趣情调，品质修养，能折射出一个时代的风尚和文明程度。

温柔能为女性招来一份爱。恋爱中的女性，她们的温柔似雾似花，有一点朦胧，有一点浪漫，有一点柔媚，有一点温存，这种温柔像催化剂，催促着爱情之花早日绽放、爱情之果早日成熟。温柔可以带给女性最大的幸福：妻子的温柔像一缕午后的阳光，给丈夫无限的温存，它又像一轮中秋夜的明月，照亮了男人的生活和前途；温柔可以让男人对你的爱一如既往，矢志不渝。温柔是一种修养，一种气质，它让女人越来越美，让男女之间的恋爱越来越甜蜜，让女人的生活更幸福。

一个女孩说："我的男朋友告诉我，他最喜欢的不是我的外貌，也不是我的地位，而是我的温柔。我给他织了件毛衣，抵御冬天的严寒，他说我是温柔的；我给他缝衬衫上掉了的扣子，他说我是温柔的。他说他记得最深刻的那次，是他深夜读书时，我把一杯温热的白开水送到他的手里，并把一件外套披在他的身上。其实，我并不觉得那有什么，但他说自己十分感动，觉得我是一个温柔体贴的女人。"

一个男孩说："我的女友是个温柔如水的女孩。有次，我在公司挨了批评，很不愉快地去跟她见面。我知道当时没有给她好脸色看，她并没有怪我，只是小心地敞开怀抱，温柔地对我说：'亲爱的，紧紧抱我一会儿。'她的怀抱让我感到了安全和舒适，我也不知道究竟是她紧紧地抱着我，还是我要靠抱着她来缓解我心里的烦闷。反正，那一刻，我感觉自己被温柔所笼罩。"

据说，维多利亚女王一次和她的丈夫发生冲突，丈夫生气闭门不出，女王来敲门，丈夫问："你是谁？"女王理直气壮地回答："英国女王！"屋里没有声音。过了一会儿，女王又敲门，里面接着问，"你是谁？"这次女王平和了一些，回答："我是维多利亚。"里面依旧悄然无声。女王悻悻离开，走了几步又回来，这次她轻轻地敲门，满含温柔地说："亲爱的，开门，是我，你的妻子。"门轻轻地开了。女王这时忘了她的地位，忘了她的权力，幸好她还没有忘记自己的温柔。面对女人的温柔，还有哪个男人发得了脾气？

轻纱薄幔，女人的温声细语，娇滴滴的模样会让男人的身心感到绝对的轻松，他的激情就在这温柔的挑逗下被点燃……所以，请做个柔情似水的女人吧！这样，你就不用担心找不到理想的另一半了。

第 14 章

夫妻互相影响，婚姻幸福和谐

夫妻之间需要互相欣赏。夫妻之间想要长久保持如胶似漆的感情，就要学会发现和欣赏对方的长处，要善于肯定对方的成绩，任何人都不会排斥真诚欣赏自己的人。

做聪慧女人，不做无谓牺牲

女人也要有自己的圈子，不能完全牺牲自己，来成全男人。越是懂得自爱的女孩就越是能轻松应付婚姻。

由于受几千年来的传统思想的影响，不少已婚女性都会认为：自己必须为这个家庭付出较多的心血，要不然就无法得到伴侣的爱，获得家庭和婚姻的稳定。但实际上恰恰相反，越是为自己而活的女性，越容易获得一个更爱自己的老公与一桩更美满的婚姻。而为了家庭、为了老公、为了公婆、为了子女而付出一切的的女人，有时反而会遭受各种贬抑与指责。

如果一位女性在婚后仍然保持自己的生活方式，拥有自己的人脉，追求自己的事业。这时候，她的老公肯定会这样认为："我老婆这样做，是有她的意义的。"要不然，就等同证明老公自己是个笨蛋，娶了个不负责任的妻子。正因为没有人喜欢当笨蛋，所以做老公的一定会努力说明自己老婆有多好，并且会为自己有一个独立能干、富有主见的老婆而骄傲，他会觉得自己"赚到了"。事实上，只要双方都不要太过自我，对于共同事务都能够好好协调，任何一方都不会觉得自己吃亏。

倘若女人采取了另外一种方式：牺牲自己来成全家庭，这时候，老公就得面对一种情绪——负罪感。起初，老公会很感激或疼惜老婆的付出，但时间一长，这种感觉就会变淡。这时候，他就会下意识地来为自己辩护。他很有可能会觉得"这些事情本来就是女孩该做的"，要不然就是贬低老婆的能力，认为她什么都不会，只好乖乖待在家里。倘若这位老婆是逆来顺受型的，那问题就会更严重：老公会时不时地把情绪发泄在老婆身上，为了躲避自己的负罪感，就更加贬低与指责老婆。到最后，老婆一旦变成了众人眼中的"家耻"，老公就会为此感到很丢脸。而老婆也会感觉到极度的委屈。

这样的情形，与世俗的观点大相径庭，但却是颠扑不破的真理。婚姻是一种互动的关系，一方要是获得社会的肯定，另外一方也会被激发出向上的斗志。

所以，每个吵吵闹闹的家庭，几乎都有一个“伟大的牺牲者”。而且，牺牲者越是牺牲得彻底，家庭就会越混乱。尤其是女性，倘若选择为了家庭而放弃全部，那么这个家庭，就会完全放弃这位女性。

性别角色转换过来，也是一模一样的。所以男女任何一方，都不能高举“我要给你幸福”的大旗，然后剥夺对方工作的权利、社交的权利并强加做家务的义务。

幸福的光芒，只有在男女双方共同面对社会险恶，对外一起为生存奋斗，对内一起营造生活情境时，才会闪耀在彼此甜蜜的会心一笑中。

对于男性，你能接受自己老婆在公司里与同事斗争、被上司指责、客户抱怨，哭得稀里哗啦，但是眼泪一擦，继续咬牙奋战吗?

对于女性，你能接受自己老公在家里煮好饭，烧好菜，坐在沙发上为你编织着毛衣，边哄着一旁嬉闹的小孩，边等你回来吗?

杏子 22 岁那年和相恋两年的男友康双双大学毕业。因为两人都是学历史的，成绩也不是特别好，所以走出校门后谋职艰难。

杏子应聘进入一家小型企业，做办公室文员，靠的是打字的速度和靓丽青春。而男友则高不成低不就，每月收入千来元的岗位，他不肯去，而薪水高一些的职位，又看不上他。心灰意冷，他几度欲回家乡——贫瘠的巴东山区，但他是靠助学贷款和全村乡亲的资助，才勉强读完大学的，回去如何交代？杏子建议他考研究生，他同意了。从此，家庭一切开销及家务全部由杏子操持。曾经衣袂飘飘的悠闲女子，现在却每日起早贪黑，忙得一塌糊涂。

好在男友如愿考上研究生。三年后，他在南京找到如意的工作，而杏子经过四年的努力，已进入公司中层。这时，杏子却要面临抉择：夫妻要团聚，男友说他的收入高，工作稳定，希望杏子跟他去南京结婚生活。思量再三后，杏子放弃了自己的工作，转往南京，一切从头开始。

婚后，他们用两年时间还房贷，还资助老公乡下的父母和弟弟。杏子29岁那年，在老公和公婆的强烈要求下，辞职回家做全职妈妈，这全职妈妈一做就是七年。

慢慢地，老公事业春风得意，外面有了女人，看杏子也越来越不顺眼。在他一次次夜不归宿后，杏子与他吵了起来，骂他没良心："哪怕是陌生人扶过你一把，你也会'滴水之恩，涌泉相报'，何况，我为你付出那么多牺牲！"

老公似乎有些内疚，才老实了一段日子，然而没过多久，又与新欢在一起了，杏子苦苦劝说，他却嫌杏子烦，斥责她：老提那些有什么意思？最后，老公索性向杏子摊牌离婚。杏子不甘心地说道："为了你的事业，为了家庭和孩子，我现在没工作没收入，你不管我了，我怎么办？"

老公却振振有词："是我拿刀逼你供我读书了吗？是我拿枪要挟你来南京了吗？这还不都是你自己的选择吗？你又不是小孩子，要为自己的选择承担后果，难道还要我来替你承担吗？"

杏子一时语塞，原来这么多年的付出换来的却是这样的结果。

是的没有谁逼你，不是选择是什么？所以请做聪慧的女人，并不是每个女人的牺牲就一定能够换来幸福。

彼此包容，婚姻才得以延续

要维持一个家庭的和谐，家庭里就必须要有默认的宽容和谅解。因为家是世界上隐藏人类缺点与失败，而同时也孕育爱的地方。柴米夫妻，食的是人间烟火，谁也不可能完美无缺，只要不是原则性的大问题，就不要太过较真，求全责备，而应该多体谅，多多包容，这样彼此相处才会和谐，婚姻才得以延续。

谈恋爱时，男女之间往往是将自己最美好的一面展现给对方。可一旦生活在一起后，各自的缺点暴露出来，这就需要双方忍让、包容，凡事都不要较真。

有个女孩结婚没多久，便哭着跑回娘家，气急败坏地向父母诉说再也不能忍受自己的丈夫，因为丈夫在卫生间抽烟，烟灰总是弹在地上而从不打扫；起床后不叠被还狡辩说是为了健康；洗脸擦手摸到谁的毛巾就用，怎么说也没用，屡教不改……在双亲的百般劝解下，女孩仍然坚持非离婚不可。父亲想了想，拿出一张白纸和一支笔，递给女孩，要求她每想到丈夫一个缺点就在白纸上画一个黑点，于是她就不停地在白纸上画黑点。在她画完以后，父亲拿起白纸，问她看到了什么，女孩回答："缺点啊，全都是他该死的缺点。"父亲笑着问她还看到什么，她回答："除了黑点，什么都没有看到。""你真的什么也没有看到吗？"在父亲一再追问下，女孩终于想到除了黑点外，还看到一大片空白。于是父亲问她："他是否有优点？"女孩想了很久，终于勉强地点了点头，开始叙述丈夫的优点，渐渐地，她的语气缓和了，脸色由阴转晴了，最后，她破涕为笑，不再想离婚了。

绝大多数人在婚姻生活中都容易犯上面故事中那个女孩的错误，只看到白纸上的黑点，而忽略了黑点旁边更大的白纸空间。由于总是想着对方的缺点，才使得自己陡生怨恨，郁郁寡欢。如果能不执着于黑点，多欣赏黑点外的空白，就能豁然开朗，保持愉快的心情。

西方有句谚语："结婚前睁大你的双眼，结婚后闭上一只眼。"其实，婚姻与玉石相似，再完美也可以找出瑕疵。我们谁敢说自己是完美的人呢？既然自己并不完美，凭什么以完美要求自己的爱人呢？爱一个人，便意味着全身心地、无条件地接受并包容他的一切，包括他的坚强掩盖下的脆弱、才华表象下的平庸、勤劳背后的懒惰，以及他在婚前没有被发现的种种生活恶习。

相信很多人都看过下面的这个故事：

新婚之夜，丈夫对妻子说："我这个人有很多毛病，也缺乏自省能力，有时候做错了事也不知道，你比我有文化，要多多包涵啊。"而妻子对丈夫说："人的一生，有许多事情错了是可以改正的，有些事错了却永远不可以回头，所以，我列出10个我能够原谅的错误，如果你犯了这其中的任何一条，我都会原谅你。"婚后，他们的生活果然是有许多磕绊。但妻子却一次又一次地原谅丈夫。一晃，他们已经是金婚纪念日，丈夫问出了心中长久的疑问："当初你允诺可以原谅我的10个错误是什么呢？"妻子微微一笑："我始终没有把10个错误具体列出来，每当你做错了事，让我伤心难过时，我马上提醒自己，还好，他犯的是我可以原谅的10个错误之一。"此时，四目对望中，有微微的泪光闪动。

夫妻之间需要包容，人对新事物本来就好奇，一下子把持不住犯点小错误我们不应该用口水把对方淹没，而是应该把你的手伸过去，拉对方一把。我们每个人都需要在关键的时候拉一下别人或是被别人拉一把，有矛就出现了盾，硬碰硬是解决不了问题的，特别是夫妻之间。

在互相欣赏中，开心度过每一天

夫妻之间需要互相欣赏。夫妻之间想要长久保持如胶似漆的爱情，就要学会发现和欣赏对方的长处，要善于肯定对方的成绩，任何一个人都不会排斥真诚欣赏自己的人，你以惊喜的目光欣赏对方，对方也一定会以诚挚的表达给予回报的。

夫妻双方或贵或贱，或贫或富，都要互相赏识，彼此珍爱，只有欣赏、珍爱的深才会加深感情，而感情越深，相互欣赏的地方也越来越多。欣赏对方，不一定是对方的才貌，因为才能有高有低，容貌总会苍老。

夫妻间的相互欣赏，是双方共同生活中的一项内容，也是夫妻之间交流情感的一个重要方面，希望天下所有的有情人都能够多方面、多角度地欣赏自己爱的人。在互相欣赏中，开心度过每一天！

热恋中的青年男女，总是以互相欣赏的目光，走进两人朦胧、甜蜜而又温馨的世界。婚后，这个“世界”变得清晰了。于是，相互欣赏的目光也有些迟疑呆滞了，甚至有些乏味挑剔了，总觉得“老婆 (丈夫) 是别人的好”。久而久之，夫妻间就会出现一些摩擦和矛盾，两人的“世界”也因此少了甜蜜和温馨。

月月是某杂志社的编辑，在朋友眼中，她是个才貌俱佳的完美女人，无论婚前婚后，总有很多仰慕者。可偏偏月月的丈夫，却对她的优秀视而不见。

月月觉得自己穿上那件新衣服很漂亮，丈夫却会撇撇嘴说：“穿得跟母鸡似的。”月月周末把屋子收拾得很干净，地拖了5遍，等着丈夫表扬，他却乜斜着眼说：“这本来就是你应该做的。”月月在时尚报刊上发表的文章，总是能得到编辑的赞扬，而拿到样刊和稿费，想给丈夫看看的时候，他总是不屑一顾地撇撇嘴：“这么一点点钱，就高兴成这个样子，真是没见过世面。”

当有些爱长期不被善待，月月便渐渐产生怀疑，她经常忍不住这样问丈夫：“你是不是厌倦我了？”或者干脆刺激他：“自然有人欣赏我。”

月月开始在丈夫面前有意无意地谈论有个男的又在追她，还有个男的非常欣赏她，但丈夫似乎并不觉得构成了威胁。于是，以前从来不会接受男人礼物的月月，现在不仅接受，还在丈夫面前炫耀，月月还特意让那些男人晚上给她打电话，一聊就是半个小时，因为那时丈夫在家。

丈夫的气愤是理所当然的，可是，他却从来没有反省过。有一次两人因为一个短信吵架，激动的他竟然对着月月脱口而出“荡妇”，这两个字，像炸雷一样击碎了月月对爱情的所有幻想。

现在，月月正在与丈夫协议离婚。亲朋好友们都很不理解，是啊，在他们眼中，这是一对才子佳人，物质条件又丰厚，真不明白瞎折腾什么。月月有苦说不出，可是，这婚是离定了。

月月的事其实很普遍，生活中总有一些夫妻平时不注意互相欣赏，觉得没有必要和兴趣去特别留意对方。这样，久而久之，婚姻生活也越来越寡淡无味。一旦出现此类情况，爱意不存在了，双方的感情也“土崩瓦解”——一些人往往会因为在爱人那里得不到肯定和欣赏，转而寻求让自己感到骄傲和幸福的人，这样就出现了婚外情。

其实，每个人都有渴望得到别人欣赏的心理需求。得到别人的欣赏，是一种精神上的抚慰，它会让人产生美妙的感觉。何况，既然你选择了现在的爱人，那肯定是欣赏他身上的某些优点和长处。否则，对于浑身上下一无是处的人，你怎么可能接纳呢？所以，希望已婚的朋友们能够多方面、多角度欣赏自己的爱人，在互相欣赏中，使双方的感情更加愉悦和融洽。

对于丈夫来说，如果妻子改变了发型，你不妨认认真真地观赏一番，然后适时地来一句：“这个发型很漂亮，在哪儿做的?”这样，心花怒放的她一定能滔滔不绝地给你讲个不停。

如果妻子刚刚从商场买回一件新衣服，丈夫一定要让她在自己面前试穿，并走到妻子跟前仔细端详，露出满脸喜悦的神情，嘴里还要连声地说：“眼光比我强，这衣服你穿着非常好看，人也更精神了，不错!”从你的言谈举止，妻子会获得良好的心理满足。因为“女为悦己者容”，作为妻子，没有比得到老公的赞赏更有意义了，只有当丈夫时刻注意并对她的外表的变化给予关注、表示欣赏时，她们才会得到鼓励，更精心地美化自己。即使是长相一般的妻子，只要丈夫认为她美，并且能够准确指出她的独特之处，表示出发自内心的赞美和爱，她就不会为自己的相貌平平而担心和苦恼了。因为丈夫对她的欣赏和赞美，给她带来了无穷的自信和活力。

对于妻子来说，对丈夫的适度欣赏，也会起到促进夫妻关系的作用。比如，你的丈夫把周末的时间用在清洗衣服上，即使他洗得不怎么干净，你也要大加赞赏。你的丈夫一定会非常高兴，他听了之后，心里一定是美滋滋的。即使你很委婉地指出他在某些方面的不太理想之处，他也会很高兴地接受。夫妻之间语言上的友爱和关心，是必要的，不要以为在恋爱期间说了甜言蜜语，婚后就不必说了。甜言蜜语犹如油盐酱醋，是生活缺少不得的。

优势互补，夫妻才能情投意合

夫妻性格上的差异是正常的，夫妻因为性格不合而发生矛盾也不必惊慌。要在充分了解对方性格的基础上，相互适应、相互协调、相互补充，以求得性格上的相容，这样，夫妻两人便能和谐相处。

世界上没有完全相同的两个人。即使是一对孪生姐妹，也可以找到外在容貌、内在性格等方面的差异，更不要说在不同环境下成长、有着不同经历的夫妻了。夫妻之间性格迥异的，在现实生活中很多，比如一个热情，一个冷漠；一个急躁，一个冷静；一个好动，一个喜静等等。

阿辉和可欣是一对夫妻，两人常常因性格不合而苦恼。他们都认为自己的性格好，抱怨对方的性格不好，并为此经常争吵，影响了夫妻感情。

他们经历了恋爱，感情迅速升温，不久就结婚了。婚后，双方都发现性格不合：阿辉的性格活泼、开朗；可欣正好相反，性格内向、沉默。为此，两人在一起就觉得别扭，不是阿辉嫌可欣“不开化”，就是可欣嫌阿辉“不成熟”，要么就是因为一点鸡毛蒜皮的小事争吵不休，各讲各的理，谁也不让谁。结果两人爱得越来越累，——分手对于两个人来说，都是一种解脱。

一般来说，夫妻在性格方面的差异，是引起夫妻关系冲突的重要原因。可是，如果我们仔细观察一下周围所熟悉的夫妻们，又不难发现，不少性格迥异的夫妻，他们在初入婚姻围城时别扭、感情淡薄，但到了后来却夫唱妻和、妻行夫随，好不热乎。相反，有些性格相近或相似的夫妻，刚结婚时情投意合、如胶似漆，后来却反目成仇，感情上格格不入，甚至经常争吵……这是为什么呢?

夫妻性格不合，实质上是这一方没有使另一方如愿以偿。同样的道理，所谓性格相合、情意相投，就是夫妻相互之间彼此都能获得满足。这种互相满足包括物质上和精神上的满足，通过努力是可以得到的。因此，对于那些性格不合的夫妻来讲，与其抱怨与双方性格不合，不如身体力行，通过主观努力来弥补双方性格上的不合，那么就一定能相处得很好，成为恩爱夫妻。

要弥补性格上的不合，首先，也是最重要的一点，就是夫妻要互相尊重对方的性格。性格是人对事物所表现的经常的、比较稳定的倾向，并无优劣之分，而是各有不同的长处或短处。比如，急性子的人性格多直爽，容易相处，但爱发脾气，发起脾气来，可能让人忍受不了。相反，慢性子的人大多态度和蔼，容易相处，办事讲究质量，但速度较慢。性格外向的人则多活泼开朗，而性格内向的人则稳定、深沉，真是各有长短。因此，作为朝夕相处、志同道合的夫妻，应该互相尊重彼此的性格，不要吹毛求疵、横加指责，这样在心理上就容易产生平等感和亲切感，有利于夫妻和谐相处。

其次，对各自的性格要扬长避短。既然人的性格大多有长处和短处，夫妻在家庭生活中应该发扬双方的长处，避开短处，往往会刚柔相济，急慢相和，动静相宜，进而相得益彰。比如，让善于交际的一方走亲访友，做事心细的一方理财，料理家务。

人的性格也不是永恒不变的。夫妻双方也应该注意逐步克服自己的不足之处。比如，性子过急的，要用心克服自己的急躁情绪，办事沉稳一些；

性子过慢的，则应办事注意一下速度。有一篇小说描写一位解放军连长，因性格火暴，经常让眼看就要做成功的思想政治工作毁于一旦。为了改掉自己的急性子，这位连长学大姑娘绣起花来。开始针扎在手上，血染在布上，他感到窝囊透了，但他仍硬着头皮，用坚韧的毅力同自己的弱点作斗争，终于练就了一种要快能快，要慢能慢，刚柔相济的好性格。

一个女孩在经历了两次失败的恋爱之后，痛心地总结经验说："我是个心思细腻、敏感又爱生气的人，以后一定要找一个特别大度，脾气好能包容我的男朋友，不满足这一点，其他条件再好我也不会考虑。"一般而言，人们对自己已经拥有的东西当然不会太在乎，人们苦苦追求的总是自己没有或缺乏，但却非常渴望拥有的东西。因此，当双方的需求或个性能够互补时，也能形成很大的影响力，这是除相似性之外影响人际吸引的又一重要因素，特别是在关系较亲密的朋友、恋人、夫妻之间。为什么年龄大的男性喜欢年轻的女性？年轻可爱的女孩却喜欢成熟稳重、事业有成的男人？比较懒惰的小伙钟情勤劳贤惠的媳妇？性格急躁的人都希望找一个脾气温和的对象？这大概是因为某方面不一样、看似"不般配"的彼此之间可以取长补短，互相弥补自己的不足，互相满足对方的要求。这其实就是互补性在发生作用。

相似性是人际吸引的基础，当相似性把两个原本不认识的人吸引到一起后。如果双方都有互补的需要，而又各自从对方获得需要的满足时，将会增加彼此之间的吸引力，使关系更加亲密和牢固。

喜欢或爱一个人也许是没有理由的，但是的确有一些潜移默化的爱情规则在影响着现实生活中恋人之间的关系。我们常常听到恋人们的分手理由是：性格不合，潜台词也许就是"我俩性格太相似了！"相爱容易相处难，两个人若想长相厮守，特别是要生活一辈子，在相似性的前提下，性格上的互补性也很重要。想想两个脾气都很倔的人，在发生争执或矛盾时，常常是你倔我比你还倔，没有谁愿意先退一步，结局自然是两败俱伤。

志同道合、情投意合、优势互补，这也许就是一种理想的伴侣模式吧！

求同存异，黄皮肤与蓝眼睛联姻

夫妻之间，要接纳对方的人生道路。不要因为自己的私心或者别人的要求而试图让对方改变，求同存异才是和谐的王道。相爱的人要互相安慰，尤其男性要懂得理解和安慰女性的情绪。

在这个全球化席卷社会生活方方面面的时代，黄皮肤与蓝眼睛联姻，越来越成为一种时尚，这不仅是因为绿卡、金钱等这些物质的东西，还有更多人真的感受到了另一半的关爱，携手走入婚姻殿堂，当然是最自然的事情。

但是，婚姻不同于爱情的浪漫，婚姻离不开柴米油盐，太实际了。而跨国婚姻与国内婚姻相比，会面对更多的考验，你能忍受住离乡背井所带来的孤独感吗?你吃得惯西餐吗？一次两次也许没问题，时间长了，你能适应吗？所以，选择时请慎重!

每对夫妻都有彼此间的差异，但只要大体上协调，有点小的差异，可以互相弥补，反而有好处。但如果差距很大，就会发生相处上的困难。尤其是对于跨国婚姻来讲，由于缺乏共同的文化圈，夫妻双方在语言、饮食等诸多方面都存在巨大的差异，甚至餐桌上时常发生叉子碰筷子的烦心事，这就需要下功夫去磨合，去调节。

乔乔是位30岁的单身女性，在一家中法合资公司工作。米歇尔先生是位40岁的法国人，被总部派来中国公司工作。由于职业上的接触，米歇尔先生常约乔乔一起吃饭。两人日久生情，米歇尔先生很快就向乔乔求婚了。

对这件婚事，乔乔也曾有过犹豫，她的家人开始都不赞成。因为乔乔在家最小，现在要嫁到远隔重洋的法国，家人之间不能常见面，就不放心，但是米歇尔每次到乔乔家，都送给乔乔和她的家人许多贵重的礼物，乔乔的家人慢慢地对他有了好感。特别是当邻居亲朋祝贺他们将有个富贵的洋女婿，将来一辈子不用担心穷苦时，他们也喜不自禁。同时想到自己的女儿已经 30 岁了，过去虽然交过几个男朋友，但都没有谈成，于是便答应了女儿的婚事。结婚时，还特别向亲戚借钱，大办酒席，宴请亲友，替洋女婿捧场。

婚后，乔乔就跟父母道别，在亲友的祝福声中，怀着对未来生活的美好憧憬，跟新婚的丈夫飞到法国居住。

刚到法国时，乔乔觉得很惊喜，可是过了一段时间后，她觉得非常孤独和寂寞。在这个陌生的国度，除了老公，谁也不认识。再加上初来乍到，她对生活就越来越没有兴趣了，每天都是重复着昨天，洗衣服、做饭、上网……她觉得原本独立的自己慢慢地变成了一个毫无抱负、一事无成的家庭主妇，她感到非常迷茫：我的下一步怎么办?总不能靠老公养一辈子吧！

庆幸的是，米歇尔先生对乔乔很好，从没埋怨过她，也从没给过她压力。相反地，他还想办法帮乔乔找工作，很快就帮她找到了一份网络技术支持的工作，虽然薪水不高，但乔乔觉得离自己自立的目标又近了一步，她的心情也好多了。

同时，为排解乔乔的孤独感，米歇尔先生总是抽空带乔乔去公园或海边散步兜风，也经常带自己的朋友到家里聊天聚会。外国人在一起的时候很开放，看到他们男男女女之间很亲密的样子，乔乔还真有点不习惯。后来想想，入乡随俗吧，嫁给他就要信任他。

此外，为了克服饮食习惯的差异，在他们家，今天吃西餐，明天吃中餐。乔乔努力做些老公喜欢的西餐，比如烤鸡腿，蔬菜不炒不过油，拿水煮一下就行。而米歇尔先生经过中餐熏陶，终于不再往白米饭里加奶油加盐，还爱上了油麦菜和菠菜。周末，两口子去郊外别墅度假，曾经发生过一件很有趣的事：乔乔难得逛次法国的蔬菜超市，就买了一些虾回家给米歇尔做“白水虾”。她先把水煮开了，接着放入葱、姜，5 分钟后捞出一大盘虾来，招呼米歇尔共享。没想到，米歇尔连说“不能这么吃”，他把自己盆里的虾一个个剥头剥尾，再放到冰箱里冰一下，最后搅拌上生菜做成沙拉，足足花了半个小时。这功夫，乔乔早就把自个儿那份白水虾消灭得一干二净。

如今，乔乔和洋老公的小日子过得和和美美的。

相互磨合，相互适应，相互调整——这不仅是维持跨国婚姻的秘诀，也是夫妻间的相守之道。跨国婚姻也有失败的，就因为磨合得不好。

虽然不同国家的男女是可以自由恋爱结婚的，但双方却不可避免会遭遇饮食、习惯的不同，风俗、语言的差异而带来的诸多问题。为避免引起纠纷，造成不快，夫妻双方要以相互尊重、相互包容的方式来解决这些问题。

永远不说“离婚”等敏感的词

婚姻生活中，切忌把“离婚”挂在嘴边，它绝不应是考验对方在不在乎自己的筹码。婚姻要靠两个人共同努力，要的是互相经营，而不是故意考验。

“离婚!”有些夫妻在吵架时，动辄以这句话来威胁对方。当然，绝大多数人在说出这句话时并不是真心想离婚，只是一时的气话。但对夫妻来说，“离婚”、“散伙”是非常敏感、沉重的词儿，轻率地提及这些词不仅容易撕裂夫妻间的感情纽带，使对方产生不必要的猜测，变得心灰意冷，还容易加深家庭矛盾，长此以往，就会真的酿成离婚的恶果。

出自一方的发火。而每次发火的原因，大多是些鸡毛蒜皮的小事。为了这些小事发火而引起夫妻冲突，实在不值得。因此，在争吵升温之前，你不妨用一些方法来降温灭火。比如，你可以这样告诫自己：如果将怒气用在琐碎小事上，这将是一种浪费；或试着数数，从0数到10、30……直至使你的怒气冷却下来，你的头脑就会恢复到清醒的状态。

当然，你也可以选择带着愤怒离开家门。人一旦失去了吵架对象，头脑就会逐渐冷静。在家门外徘徊一两个小时之后，你就可以回家了。这时，你也许会发现自己的爱人也恢复了理智，两个人也就可以心平气和地解决问题了。

“你这个照片拍得难看死了。”“你没看你自己的，那才叫难看好不好？”一天上午，宁波海曙民政局离婚办公室，一对年轻人说说笑笑地走进来。工作人员以为是来结婚的，就让他们到外面的结婚窗口。谁知道他们递了结婚证说是来离婚的。“还是离了算了，这日子过不下去了。”工作人员有些惊讶了，劝他们再考虑考虑，女孩子瞄了男孩子一眼。“离了反正还能结的嘛。我们是真的想好了，该吵的都吵完了。反正还没有小孩，分开也简单。”男孩子回瞄了女孩子一眼，两个人继续填表格。

男方小张和女方小王是大学同学，都是 25 岁，结婚已经三年多时间了。结婚那会才刚大专毕业，他们深信爱着对方，想有一个属于自己的家，两人在 7 月快速结婚。他们都是独生子女，父母给买了一套 120 平方米的房子和一辆车。就像童话故事的结尾，王子和公主幸福地生活在城堡里。新婚新鲜劲一过，生活趋于平淡，两人自我的一面也表现出来了。小张和小王第一次闹离婚的原因，在场的人听了都觉得有点不可思议。一天晚上，小王想喝牛奶，小张正对着电脑玩游戏，就让她自己到冰箱里拿。可小王打开冰箱一看，啊，居然不是“光明”的！她只喝“光明”的。可小张那次去买的时候，偏偏卖完了，就换了个牌子。谁知道，这件小事让小王很不高兴，觉得他不关心她。一边玩游戏正入迷的小张哪里顾得上搭她的话，小两口就为这牛奶牌子的事大吵一架，结果声音太响，邻居把警察都叫来了。“第二天一早，我们就说离婚，带了户口本身份证就去了，谁知道还要什么离婚协议书，结果只好回家了，不过回家后气都消了，也就不打算离了。”小王说。不过，这并没有代表两人之间的“战争”停止了。每个星期，总是因为一些琐事，两个人要吵上一架才肯罢休，有一次小张一激动就对小王动粗了，出手太重，小王的耳朵突然听不见了。那晚半夜，一个人在急诊室挂瓶的场景，小王想起来就心寒。“一下班他就坐在电脑前，就听到鼠标、键盘的声响，跟他说话像是对牛弹琴。”第二次提离婚，是小王受不了小张把网络游戏当老婆。但因为小张迟到，民政局下班了，结果第二次他们还是没离成。第三次，他们领到了离婚证，临走时，小王说，争吵太多，矛盾太多，已经没法解决了。

我们在最爱的时候选择结婚，用婚姻来给爱情遮风挡雨，然而，总有一些夫妻会在中途离散。有时候，两个人从相爱到陌路，就只因为两句伤人至深的口头禅：“离婚!”“离就离!”

如果你也有这样的口头禅，你可要注意了，“离婚”二字绝不要轻易说出口，更不能经常挂在嘴边，王女士的老公是现在人们常说的“凤凰男”，家在山区，靠吃苦读书走出来的。有一年王女士跟老公回老家，他的家人都很质朴，王女士一点都不在乎他家贫困。本来高高兴兴的，可晚上上厕所时恶心吐了，他家厕所是在猪圈旁边隔出来的一间，那味道真的很难闻。老公说王女士看不起他家，还说既然看不起他家就离婚算了。从那以后，王女士跟老公发生点不顺心的事，他就说王女士看不起他家，就提离婚。

“离婚”二字不是考验对方的筹码。把离婚挂在嘴边的人，一部分是一时口不择言，另一部分是明知对方爱自己，恃宠而骄，恃骄而无理取闹。女人爱用这招是因为女人知道男人对自己的爱，知道男人离不开自己，所以威胁才有效，男人才会服软；男人也会用这招，当然也是因为男人知道女人爱自己，这是讨价还价的筹码。如此一击而中都以为找到了对方的死穴，此后但凡不顺心就用离婚来考验对方的心理承受能力，另一半在屡屡受伤的同时还得提心吊胆婚姻随时不保，到最后没有不崩溃的。

于是，就出现了一个很戏剧性的局面，天天嚷着要离婚的人其实没想过真的离婚，而每次退让妥协的那位会在某天突然把签了字的离婚申请书摆上桌面。

第 15 章

婚姻如花，夫妻要共同为其保鲜

爱情能够走多远，要看心能走多远。心枯萎了，麻木了，爱情自然也就走不远了。而这，和婚姻无关。婚外恋并不少见，婚姻只是在爱情之上多加了一份责任，而用责任才能束缚的感情不是爱情。

把短暂分离演绎成一种生活方式

我们都希望爱情始终像初识时那样心动，像热恋时那样激情，但爱情本身却不是一成不变的，它可能会变得更成熟，也可能会更理智。而我们能做的，不是在失去爱情的同时失去对爱情的信心，抱怨它变幻莫测，而是在拥有的时候小心珍惜，用心经营，不时给爱情之花浇水、修枝。

婚内爱情保鲜是一个很及时很新鲜的话题，更是幸福生活的前提。相关调查显示，由于不再拥有爱情的甜蜜感觉，婚后三年和十年成了不少夫妻的婚姻之“坎”。不少原先卿卿我我的恋人，结婚三年后，竟不记得对方的爱好。对于“你的爱人最喜欢吃什么”“最喜欢什么颜色”等热恋时再熟悉不过的问题，不少夫妻却只能答出一句“不知道”。如何使婚内爱情保鲜呢？这其实是值得每一个人都关注的问题。

就如张爱玲说的那样，“生命是一袭华美的袍，爬满了蚤子”，在甜蜜的生活中难免伴随着磕磕碰碰。夫妻之间从认识到结婚，相伴一生，难免会发生摩擦。

在传统的婚姻观念里，如果夫妻二人分开休息往往代表着婚姻遭遇寒流。但是，在现代社会人们越来越强调个人主义的风潮中，很多夫妻，尤其是80后年轻夫妻把分开休息演化成一种生活方式，把它当作一种婚内爱情的保鲜剂。

在绵阳游仙一家企业工作的庆华和老公是战友。当初，两人从部队转业后，各自回到了自己的城市。不久，庆华为了和心爱的人在一起，放弃了父母辛辛苦苦为她争取来的工作，竟不顾家人的反对，千里迢迢从北方某大城市奔波来到四川绵阳这座小城。2008年，庆华终于和自己深爱的人结婚了，有了自己的家庭。然而，和老公朝夕相处，彼此的一举一动仿佛被凸透镜放大了N倍。老公的工作很辛苦，有时候晚上回家后，把脏衣服一脱，就往床上倒，有时他的脏袜子就直接扔到庆华的梳妆台上。这让从小生活优越，讲究生活质量的庆华很难接受，这个时候她会从床上拉起老公，逼着他进浴室，然后再把他的脏衣服丢进洗衣机。

上床前必须洗澡，房间内衣服不能乱扔，东西要摆放整齐，庆华生活上的这些讲究，让粗放的老公颇有微词。一开始老公还很迁就她的这些习惯，可是时间长了，加上有时工作辛苦，到家就想倒头大睡，殊不知要被老婆拉起来洗漱，一整就是大半个钟头，心里很是不爽。为此两人常常争吵。最后，老公主动提出平时两人分开睡。

想起李敖因为看见自己心目中的女神胡茵梦，和普通人一样在马桶上放屁、便秘，就和她离婚，庆华觉得，生活中这些彼此看不惯的小陋习的确影响婚姻质量，丈夫提出分床后，她欣然同意。

“分开休息并不代表我们感情不好，其实现在更有当年恋爱时的感觉。”庆华说，分开近一年，庆华和老公相处得非常好。平时，老公回家后就把他的那些小陋习带回自己的卧室，两人想在一起时，老公会把自己拾掇得干干净净。此后，两人再也没有因为这些生活细节的不同而争吵过，取而代之的是一种小别胜新婚的欢愉。

分床族的出现，从某种意义上说，是人类社会的进步。这表明，婚姻生活方式从唯一形式转变为多元选择，这是社会发展中一种新的生活模式。适度分开还能对婚姻质量起到调节作用，社会应以包容的姿态去接受。

身体可以适度不与伴侣在一起，甚至不在一间屋里。但自己的爱一定要时时在伴侣的身上。毕竟爱情的距离不是床与床的距离，而是心与心的距离。

爱情能够走多远，要看心能走多远。心枯萎了，麻木了，爱情自然也就走不远了。而这，和婚姻无关。婚外恋并不少见，婚姻只是在爱情之上多加了一份责任，而用责任才能束缚的感情不是爱情。但是，婚姻虽不是爱情的保障，却是爱情的栖息地。如果可以，不妨把爱情放在婚姻的窝里，让你们的爱多一份相濡以沫。

营造浪漫，让爱情永不褪色

男女双方结婚并不意味着浪漫生活的结束，彼此保留点儿情人般的“罗曼蒂克”还是很有必要的，这样不仅能给枯燥乏味的生活带来一些新鲜和色彩，也能让日渐平淡的夫妻感情再起波澜与惊喜。

结婚了，女人还会渴望浪漫，还会幻想着丈夫像婚前那样温柔地说，宝贝，我爱你！还会幻想着他每天围绕在你身边，像月亮绕着太阳一样。还会幻想着他心甘情愿地为你做任何事，无论上刀山，还是下火海。当一切不能遂愿时，她会百思不得其解，从前温存善解的他，怎么会变得这副模样。女人就会伤心，就会垂泪，就会怨天怨地，就会觉得嫁错了郎！

好多女人愤愤地说，自从结婚后便感到，什么结婚纪念日、生日、情人节这种应该浪漫的时刻似乎已经不属于自己了，因为那个榆木疙瘩丈夫不配合。而好多男人则埋怨，自己的妻子一点也不浪漫，他们的生活天天都是一个样，上班、吃饭，应酬、睡觉。总之，乏味透了。

几乎所有的女人都喜欢浪漫，而男人则喜欢浪漫的女人。所以，无论是丈夫还是妻子，不仅要懂得享受浪漫，更要懂得不失时机地营造浪漫。这不仅能让趋于平淡的生活更有色彩，也能增进夫妻间的感情。

有个女人结婚两年多了，她没感觉到幸福。虽然丈夫一直对她很好，她也有着不错的收入，但是，她总感觉到生活中缺少了什么。

她经常会想起那些恋爱的日子，那时候，丈夫会在某一刻忽然出现在她面前，手捧着玫瑰；丈夫会约她去咖啡厅、酒吧，有时候还会去看电影。让她觉得自己是最幸福的女人，她很满足，也很欣慰，找了这样一个懂得浪漫的丈夫。

可自从结婚后，她便感到，浪漫已经不属于自己了，因为丈夫整天忙于事业，对于爱情中的浪漫事业，似乎早已无心经营。他再没给她买过玫瑰，每天下班的时候都是手里提着菜，还有一些必要的生活用品。他们再没去过电影院或咖啡厅，甚至餐馆都很少去，即便偶尔去一次，也是去大众菜馆，丈夫的眼睛也是盯着菜，而不是她。

这些变化让原本喜爱浪漫的她倍感失落，于是，她在自己的生活中回忆。但很快地，她便发现，这样做并没有让自己快乐起来，愈发觉得自己很不幸福。她甚至有了这样一个念头：原来婚姻真的是爱情的坟墓。

想到这些的时候，她自己都被这样的想法吓了一跳。曾经自己不是非常爱他吗？不是非常希望与他生活在一起的吗？

偶然间，这个女人在书中读到了这样一句话："草地上开满了鲜花，可牛群来到这里所发现的只是饲料。"她一下子醒悟过来：原来情感的粗糙和浅薄，才会使婚姻生活变得毫无情趣，缺乏生气。此后的她不再抱怨，而是自己营造浪漫。

那天，丈夫生日，她去订了蛋糕，又到超市买了很多东西，还到花店买了鲜花。回来后，她把鲜花插到花瓶里，又做了一顿丰盛的晚餐，点上蜡烛，等着丈夫回来。

晚上，丈夫带着一脸疲惫回来了，推开门来，一曲悠扬的《回家》正在满屋温馨的烛光里回旋，摇曳的橙黄中，俏丽的妻子着一袭薄翼般的真丝吊带睡裙，酒红色的长发泛着迷人的光彩。"老公，回来啦！"妻子热情地问候他，纤细的身姿像在遮挡什么。

丈夫准备抓住她，却见她灵巧地将身体从餐桌旁闪开，"哇"，一个装饰成水晶心的蛋糕上，五彩的、细细的蜡烛，拼成一个“LOVE”，燃烧着，跳跃着。丈夫兴奋地一把将妻子抱起来，长长地、深深地吻着她，她感觉到了久违的幸福……

此后，女人不时地营造各种浪漫，有时候买点小饰物装饰卧室，有时候买回几条小鱼等等，他们似乎又重新回到了恋爱时光。受妻子的感染，丈夫也会偶尔制造一次浪漫大餐，还会买花回来，甚至还买过几次音乐会的票。

他们只是用了不多的钱，却找回了从前的感觉，这让他们重建恩爱，逐渐养成了营造浪漫的习惯。

其实，浪漫也可以在点滴的生活中体现出来。一天早上在超市买完东西排队买单时，站在我前面的是一对穿着打扮都很普通的夫妇，老公跟老婆说：“老婆，这里很多人，我在这就好了，你从那边的通道出去外面等我吧。”然后揽了一下他老婆的腰，轻轻柔柔地说：“老婆，小心点。”(注意，他老婆并没有怀孕) 这就是浪漫，一句温馨体贴的话。

浪漫不一定是娇艳玫瑰，不一定是烛光大餐。有时候，一首小诗、一曲悠扬的音乐、一瓶陈酿的红酒、一杯自己亲手磨咖啡豆煮出的咖啡……都可以酿造浪漫，也都可以让夫妻间的感情甘之如饴。

亲昵，幸福婚姻不可缺少的调味剂

爱情是一支娇贵的花，婚姻是它的花朵，那么，情话就是爱情的肥料。无论是青年夫妇，还是老夫老妻，都要抛却旧观念，适时大胆地表现出对对方的亲昵。让对方知道，无论身在何方你都深深地爱着他！才能让你们的感情世界里充满更多的温馨与幸福！

恋爱时，男女花前月下，卿卿我我。结婚以后就少了当初的那些甜腻腻、火辣辣的情话往来了，甚至结婚几年后，发现两个人每天在一起说的话只有寥寥可数的几句。

之所以会产生这样的变化，是因为有人认为，结婚数年，夫妻之间再说些情话会让人觉得太肉麻了。还有人认为，夫妻之间，只要有爱在心里流淌，只要把爱体现在细致、体贴的关心上；情话，没必要每天挂在嘴上。

这大错特错，问题是如果只有行动，没有情话，就会让人觉得跟吃饭似的，只有主菜，没有汤。难怪经常听到一些妻子怏怏不乐地诉苦："我们家那位结了婚以后，就不会谈情说爱了，我同他没啥话好说。"女人往往欣赏那些善于表达自己感情的男人。话虽绝对，但确实说中许多女人的心思！

反之，为了家庭事业终日辛劳的男人们也绝不会拒绝每一句含情带意的情话！哪怕是矫情和肉麻的，对于平淡的婚姻也是一剂不错的调味品。

清晨，妻子上班前端坐在镜子前认真地化妆，丈夫走上前去，从身后搂着她的腰，在她的脸上亲了一口，然后补上一句情话："宝贝，你真美！"——可以想象，此时的妻子，她的心里不像灌了蜜似的香甜，那才怪呢！

同样，丈夫在外忙活了一天，傍晚的时候，他拖着一具疲惫的身体迈进了家门，这时，做妻子的为他沏上一杯热茶，送去一个甜甜的吻。然后，一边为他揉揉肩膀，一边顺口就把"情话"说了出来："亲爱的，我爱你！"此时，他的疲劳被抛到九霄云外，面庞也会立即被幸福的满足感浸润得热辣辣、红扑扑的，他略带几分陶醉地回复你说："亲爱的，我也爱你！"瞧瞧，这整个晚上，你们就都会生活在甜蜜的幸福中了。你想想，这情话怎么会是多余的呢？

特别是当夫妻步入中年后，当初炽热的情感日渐冷却，火辣辣的情话日渐减少，甚至全无情话，只剩下干巴巴的实话，日久便让"围城"内的一些人感到了婚姻的无趣，从而开始寻找"围城"外的"情趣"，于是就出现了情人，你可以在他面前说任何话，哪怕常人听来最俗不可耐的话到那时都是最中听的，胜过无数名言妙曲。

当向自己的另一半说情话时也要真诚，只有发自内心地对他表达出爱，才能打动他的心。另外，如果只是嘴甜，光玩"嘴皮子"而没有实际行动也会适得其反。在生活中，夫妻之间还要互相尊重、互相照顾、互相扶持。毕竟，风花雪月虽然迷人，可是，仅有风花雪月的爱情和婚姻，就像空中楼阁。生活的柴米油盐，就是给这个楼阁建一个坚固的地基，让爱情和婚姻的大厦变得稳固，坚不可摧！

他开始很晚回家。虽然妻子每天仍旧坚持等他回来，但她等不到他的热吻，这种爱的仪式已经被他忽略了，被他一同忽略的还有妻子对他的爱，对他每天的嘘寒问暖。他开始不愿意亲近她，即使回到家，也只顾躺在沙发上看电视，或者默默地吸烟，或者倒头便呼呼大睡，他的心开始向她关闭。

妻子不知丈夫因何改变，她体谅丈夫的辛苦，有时甚至认为丈夫也许是工作太累，丈夫回到家向她提出离婚，他的理由是：他已经厌倦了这样平淡的生活，他想重新去生活。

妻子默默地听完后，答应了丈夫的要求，只向丈夫提出一个请求：一个月后再来正式谈离婚，这一个月里，他必须每天坚持早回家，并且回家后，给她一个热吻——这是她答应离婚的唯一条件。

丈夫看了妻子一眼，不解地问："有必要吗？"

妻子认真地回答说："我提出了这个要求，就证明十分有必要。你发出了这个疑问，就证明更有必要。"

丈夫答应了。于是，在接下来的一个月里，丈夫每天都坚持早回家，给妻子一个热吻。起初，他还有些不适应，因为好久他都没有吻过妻子了，所以去完成这个"任务"时，他甚至有些躲闪。但是当妻子闭上眼，那种熟悉的感觉便一点点地回来了。他想起了他们的初恋，那时，当他亲吻她时，她也总是习惯性地闭上她那双大眼睛，他甚至吻到了妻子眼中溢出的泪水，这泪水让他心疼他的妻子，他们随意了许多，妻子轻巧地靠在丈夫身上，他能闻到她特有的体香，不经意间竟发现妻子眼角已有皱纹，想起妻子为家的付出他落泪了。他发现他还是爱她的，只是，这种爱被风尘岁月中的忙碌和自以为是所掩盖了，现在，当心境变得澄澈时，这种爱便云开雾散，不可阻挡。

一个月的时间过得很快，最后一天，丈夫早早地回到家。平时从不下厨的他做好了一桌饭菜。妻子回来时，他上前拥抱她，亲吻她，然后在她的耳边轻轻地说："我要每天吻你，一直到老!"

顿时，妻子的眼睛里溢满了深情的泪水……

夫妻间亲昵的举动能增进双方感情，满足双方的精神需求。反之，夫妻间一旦缺少了亲昵的举动，容易产生"皮肤饥饿"，进而导致感情隔阂，最后使夫妻之间变得冷漠、疏远。

正因如此，感情外露的西方人勇于，也善于在众多场合用亲昵的举动来表达自己美好的情感，没有谁觉得有什么不合适的，相反地给人一种美感、亲和感、幸福感、快活感! 例如，夫妻出门前拥抱、接吻；丈夫回来迟了，赶快拍拍忙碌的妻子的"马屁"，或张开双臂，说"宝贝，我回来了"。于是他在厨房准备晚饭的妻子，连围裙也没有来得及解，便飞奔而出，他们深情而热烈地亲吻、相拥。

如果想让你的婚姻也充满了这样的柔情蜜意，那么不妨从今天开始，对爱人多点亲昵的举动吧，让心中的爱也能通过肢体的亲昵呈现出来，在艰涩和不习惯后，你将会渐渐地习以为常，你的婚姻也将会更加幸福甜蜜，充满激情。

共同的兴趣，让两颗心挨得更近

共享每一件生活用品，可以使夫妻之间的关系更加密切。适应与分享爱人的嗜好和喜爱，是获得美满幸福婚姻的重要因素。

著名的舞蹈家比琳夫人与丈夫一生幸福美满，她在谈到做妻子的诀窍时说："我吸引丈夫最重要的诀窍是适应与分享他的嗜好。开始我对游泳和打网球一窍不通，因此，闲暇时我就去学习，一段时间以后，当我穿上泳装与他在海滨游泳时，他一下子高兴地将我抱了起来，我也从中获得了极大的幸福与快乐。在以后所有的休假中，只要可能，我们就一起去参加这些运动。"

的确，如果只忙于工作而没有娱乐，会使婚姻变得索然无味。如果夫妻两人经常把谈话的焦点集中在孩子或工作上，慢慢地就会发现除此以外他们可谈的东西很少。这时，不妨抽出时间来培养一些共同的兴趣，并一起参与其中，不仅能为索然无味的婚姻增添一些乐趣，也能使夫妻之间的共同语言多一些，夫妻间的感情自然也会愈来愈深。

那么，夫妻两人该怎样做才能培养起共同的兴趣呢?首先，夫妻之间要互相尊重。由于各人的生理、知识和认识条件的不同，因而表现在兴趣上具有明显的个性特征。

有的丈夫喜欢听越剧，妻子喜欢听京剧；有的妻子酷爱音乐，丈夫迷恋于体育；还有的丈夫爱看电影，妻子热衷于小说……对于这些不同的兴趣爱好，不可一味地指责抱怨，也不可把自己的好恶强加于对方，更不可要求对方改变自己的兴趣，而应当相互尊重，相互包容。

方远自小就对国际象棋有浓厚的兴趣。结婚之后仍保持着单身时的习惯，休闲时常常抛下娇妻去找朋友们下几盘国际象棋。刚开始那段日子妻子过得很不愉快，她非常希望丈夫能够时常留在家中陪伴自己，可怎样才能“拴住”丈夫呢？这位妻子没有像许多人那样唠叨、哭泣，更没有耍吵闹或“回娘家”之类的威风。相反，她在家里为丈夫准备了棋子棋盘，并布置了雅致的棋桌，让丈夫时常邀一些朋友来家里下棋，他自然不再整天跑到外面去了。

此外，夫妻两人要互相引导。所谓引导，就是指有意识地把自己的兴趣渗透给爱人，同时也主动培养自己对爱人感兴趣的事物的兴趣。如你以前对看球赛提不起兴趣，为了照顾爱人的情绪，不妨跟着一起去看看。在“看”的过程中又有爱人这个义务讲解员热心讲解，说不定你慢慢地对看球赛也会产生兴趣了。

玲做妻子就有一套：一个休息天，丈夫在和电脑下围棋，她擦地板，擦到丈夫那儿，玲让他挪挪位置，丈夫露出一副紧张的样子说："别动，别动，我马上就要赢了。"

因为知道丈夫从没赢过电脑，这次快赢了，玲也很来劲，二话没说，放下拖把就凑过去看，还和他一起计算最后的一步一招。

一番厮杀后，丈夫果真赢了，那一刻，他高兴地吻了玲。接着，丈夫一边兴奋地和玲讨论围棋，一边又帮她拖地板，还提议晚上出去吃饭。玲在丈夫感兴趣的事上附和了他一下，他竟然会这么喜出望外。那晚，坐在点着蜡烛的餐桌前，玲忽然想如果下午自己硬是让丈夫挪位子而让他输了棋，或许就没有这样一个浪漫的夜晚了。

这以后，玲便常常请丈夫教自己下围棋。开始，她连围棋怎么摆都不清楚，可通过与丈夫共同切磋，后来居然也成了一个比较高明的棋手。闲暇时，夫妻俩过上几招，其乐融融！

有些夫妻往往缺乏这种态度，对于对方的兴趣，不是主动引导，而是你搞你的兴趣，我搞我的爱好，他们认为，男女双方都有各自的自由，不一定非得强迫自己去适应爱人的一些兴趣？而这个借口正是导致夫妻分道扬镳的主要原因，会使爱人感到寂寞与孤独，甚至发生感情转移。经常听到有一些妻子如此抱怨，丈夫把大部分愉快的周末都浪费在电脑前，不陪自己看电影、逛花市，使自己备感寂寞。

当然，夫妻俩要培养共同的兴趣，一定要注意道德和法律原则，倘若爱人有一些不良嗜好，你也一味地去迎合、共享，那就不是培养兴趣，而是助纣为虐、招灾惹祸了。

保持距离，在神秘中绽放你的魅力

夫妻在一起生活太密切，彼此之间太亲近，看得太仔细，日子久了就会互生厌恶，出现摩擦。夫妻之间能够朝夕相伴非常美好，但也要注意给对方留有空间，与对方拉开一点距离，给对方一些自由，使双方保持各自的神秘和魅力，让彼此的爱情在若即若离、轻松和谐中历久弥新。

欣赏一幅油画，太近了看着不大像画，太远了像画又看不清楚，只有不远不近，才能看出“效果”——夫妻之间也是如此。

男女在谈恋爱阶段，由于不是天天在一起、形影不离，所以相会相聚才有新鲜感。男女双方都处于一种狩猎心态，为了追逐到“猎物”——对象，常常会使尽浑身解数去取悦对方、吸引对方，像孔雀开屏，像黄莺鸣唱等等，其目的就是要把“对象”吸引过来。初恋的情愫之所以缠绵，令人陶醉，一个重要因素就是恋人之间：时分时离，时聚时散，让人感到琢磨不透，若有若无，浮想联翩。

结了婚的男女，时时刻刻在一起，失去了那种朦胧的美感。时间长了，自然而然就会产生倦怠。以前的她偶尔耍耍小性子、发发嗲，你当作天真、好玩，婚后她再这样，你就会觉得她长不大、太腻人；以前的他不拘小节、洒脱不羁，如今在你眼里变成了邋遢和不修边幅。

刚结婚时，虹常常要求丈夫陪她，陪她一起散步、一起打球、一起看电视，即使是丈夫不喜欢的节目，虹也要他陪自己看完。因为虹认为相爱的夫妻就应该这样形影不离、亲密无间。那时，丈夫离开虹哪怕一分钟，虹都会问：“什么事？”或者是“到哪儿去？”

虹的过度依赖，很快便使丈夫难以忍受，于是丈夫下班后总是要等一会儿再回家。即使是在家里，他也总是很晚才睡，他希望虹睡了以后，自己可以安安静静地上网或者看电视，享受独处的静谧与放松。

丈夫的做法让虹感到很受伤害，一次，她忿忿地问丈夫：“为什么要有意疏远我？”

丈夫略一沉思，回答说：“平常在外面，本想和朋友聚会，可一想到你的习惯，马上就没了兴致。老婆，你知不知道，你的过分关怀几乎令我窒息，虹感觉不妙，她可不想因为自己的爱而使丈夫不快乐，从而影响夫妻间的感情，反躬自省，虹赶紧保证：“从现在开始，我会让你保持婚前一样的身心自由。”

“真的吗？”丈夫半信半疑地问。

虹用极其肯定的语气回答说：“当然是真的！”

丈夫感激地将虹拥进怀里：“宝贝，好好给我当太太吧！这一地位已经够尊贵的了，何必还要费力不讨好地兼职当保姆呢？”

从此，虹不再要求丈夫把所有的业余时间都留给自己，丈夫下班回来后如不主动汇报当天的活动详情，她也会收敛起无穷的好奇心，决不追根究底地去问个清楚明白。

终于有一天，虹的丈夫在客厅踱来踱去，他忍不住问：“奇怪，你怎么不问问我最近都干了些什么？”

虹暗自偷笑：“当然想听，但是不包括你不想说的那些。”

就这样，虹“以退为进，以守为攻”，终于赢得与丈夫共享秘密的权利。

夫妻彼此相爱，并不意味着任何时间都要在一起，更不意味着夫妻要合二为一，而应该给对方留一些空间和自由。否则夫妻相处时间越久，相互间的依赖性也就越强，以致一方丧失了单独活动的能力——妻子不会开罐头、丈夫不会挑选领带；妻子一旦病了，丈夫就不知如何是好；丈夫一出差，妻子就会觉得孤独无助。

更不容忽视的是，这种“合二为一”的生活，限制了人的独立性和个性的发展，无疑会伤害人的情感，那么这种亲密关系最终会导致情感危机。心理学家曾对长期厮守的夫妻关系进行过调查，结果发现有些夫妻常为爱人对自己关照得过分而恼火——丈夫抱怨妻子关照、过问太多或是唠叨太多，自己缺乏安静的时候，自己是“妻管严”；妻子则抱怨丈夫什么都要过问和评价，自己不能独立地处理事情，丈夫是“事儿妈”。

诗人契诃夫曾把爱妻比喻为月亮，但他却不愿爱妻夜夜出现在自己的夜空。有人戏称夫妻最好“等距离相交，远距离相处”。就像冬天的刺猬，接近了会伤害到对方，离得太远又取不了暖，夫妻还是若即若离的好，这样做在一定程度上可恢复恋爱时的那种朦胧感，增加夫妻之间的依恋。

夫妻两人都给对方留有空间和自由的同时也解放了自己，适当地拉开距离，能够让他看到你的风景。

婚姻是一场长久的谈话，知音才能知心

婚姻是一场长久的谈话，需要男女双方经常倾诉心声。沟通是人们的精神需求和心理需求，也是夫妻感情的润滑剂，能够化解分歧、消除疑虑、增近情感。

丈夫在工作中遇到一些挫折，希望回到家里能够倾诉一番；老婆劳累了一天，非常需要丈夫的关心体贴。如果能够及时沟通，夫妻之间的感情自然会越来越好，越来越甜蜜。

然而，也有不少夫妻平时各忙各的工作，或者一方特别忙，导致双方的沟通时间越来越少，打个电话也是三言两语，日子一久，彼此之间就提不起说话的兴趣，共同话题也逐渐减少了。于是，曾经无话不谈、亲密无间的夫妻变得越来越“沉默”，越来越疏远，而一旦夫妻之间出现芥蒂时，也经常能听到“有什么好说的”之类的埋怨，这正是缺乏沟通所致。

萌萌和丈夫都有强烈的事业心，正因如此，两人才会彼此倾慕并最终走到了一起。婚后，两人的日子过得倒也挺快乐的。

后来他们有了孩子，丈夫在单位也忙起来，经常是顶着星星走，踏着月亮回的。萌萌需要把孩子送到婆家，下班再把孩子接回来，也是天不亮就走，天黑了才回家。回到家后，两人又要买菜做饭洗涮。等一切收拾好，也早已精疲力竭了，连话都懒得多说一句。常常是他要求她“温柔”，她就抱怨；她希望他“体贴”，他却发火说：“我在外拼命挣钱还不都是为了你们娘儿俩？回家来当然应该让我好好休息一下。”两人话不投机，就引发一场争

吵，要么两人板着脸好几天互不理睬，双方心情压抑烦躁，日子久了，大大影响了夫妻之间的感情。

好在夫妻俩很快意识到了他们之间潜伏的危机，于是便约定：每月抽出一天，每个月的最后一个星期六定为固定“沟通日”。届时坚决把所有杂事抛到一边，把孩子寄送到外婆家，而后夫妻俩就骑车来到恋爱时常来的公园边，沟通交谈家事，安排下个月生活，或毫不遮掩地数落批评对方，或者痛痛快快吵上一架（反正在这儿吵架邻居同事听不见）。吵完之后彼此都感觉轻松，如同夏天暴风雨之后天空特别纯净美丽一样，接着说不定两人还会像过去热恋时那样躲到树后面悄悄亲热一番。几个月后，两人通过每月一次透彻沟通之后，心中不满情绪得到定期释放，夫妻俩反而不再争吵了，家务活抢着干，疼孩子敬老人，和和美美的让人好不羡慕！

的确，走进婚姻生活以后，夫妻双方忙工作、忙家庭，沟通就慢慢少了，彼此间的话越来越少了。有人可能会说，现在的人都很忙，哪有时间卿卿我我？但从另一方面讲，正由于太忙太累，夫妻之间才更需要多多沟通。第一，在平和的气氛中，夫妻俩互诉衷肠，有利于调节神经，消除疲劳；第二，即便婚姻有了裂缝或夫妻之间有了分歧，如能坐下来好好谈谈，总比各自在心底抱怨“其实你不懂我的心”要好得多。

当然，夫妻之间的沟通不是一件简单的事情，也需要掌握一定的技巧。有一点需要注意，就是沟通要心平气和地进行，而不是义愤填膺地指责对方的不是，要知道任何事情，都是可以心平气和地解决的。

读者反馈卡

尊敬的读者：

十分感谢您购买本书以及对本公司的大力支持。为能继续提供更符合您要求的优质图书，烦请您抽出点滴时间填写以下调查表并寄回，您的建议与意见将是我们不断前进的动力。我们会定期从有效回执中抽取幸运读者，寄送公司最新出版图书或其他精美礼品。

北京兴盛乐书刊发行有限责任公司

通信地址：北京市朝阳区小营路 10 号阳明广场南楼 14A

邮政编码：100101

读者 QQ 群：292306095（兴盛乐书友会）

电子邮件：xslzbs@163.com

公司微博：@ 兴盛乐文化

公司网址：www.xslbook.net

1. 您了解本书是通过：

   □书店 □网络 □报刊宣传 □朋友推荐

2. 您购得本书的渠道是：

   □新华书店 □网上书城 □民营书店 □超市 □报刊亭

   □其他_______

3. 您决定购买本书是因为：

   □书名吸引 □内容吸引 □喜欢作者 □偶然购买

   □朋友推荐 □其他_______

4. 您觉得本书的优点有：

□文笔好　□内容好　□封面漂亮　□排版舒服　□价格合理

□手感好　□其他______

5. 您会向他人推荐或者谈论这本书吗？

□会　□不会　□偶尔会　□看看再决定　□其他______

6. 了解本书之后，您会关注或购买公司其他图书吗？

□会　□不会　□偶尔会　□看看再决定　□其他______

7. 您决定购买一本书的因素包括：

□内容　□封面　□书名　□朋友推荐　□媒体推荐　□作者

□其他______

8. 您比较喜欢的阅读类型有：

□人文历史类　□财经类　□管理类　□励志类　□小说类

□纪实文学类　□传记类　□散文、随笔类　□女性、生活类

□亲子、育儿类　□科普类　□其他______

9. 您觉得本书有何不足之处，您有何修改意见或建议？

____

____

10. 有没有您想读但市面上却没有的书？

____

____

您的姓名________ **性别**______ **年龄**______ **职业**________

邮政地址____________________________________

邮政编码________ **手机**____________________

E-mail______________________________________

QQ__________ **微博**________________________